歷史上的真假關羽

三國演義的我只是故事，壽亭侯關羽跟神話中的武聖關公

差很大!!!

柴繼光 著

揭開章回小說的面紗，還原戰神的真面目

◆大發！關羽居然不姓關！
◇關羽有著作？你的眼睛業障重！
◆不是唐伯虎也不是鄭板橋，畫竹第一人就是俺關老爺！
◇華陀根本沒幫關羽刮骨？三國演義唬爛的地方可不只這齣！

目錄

目錄

序論

義勇衝霄漢的中華武聖：關羽、關公崇拜與關公文化寫一本關羽的傳記，是一個非常複雜的工程。不僅要釐清歷史上的關羽與封建時代關公崇拜中關羽的關係，還要準確把握作為中華傳統文化重要組成部分的關公文化的內涵。在眾多的關公傳著作中，柴繼光先生的這本書，對這三個方面的關照最為客觀、平實，比那些戴著關公崇拜有色眼鏡來看關羽與關公文化的寫作，更有閱讀價值。

柴繼光先生生前對關羽有很深的研究，還親自跑全中國各地考察關公文化遺跡。皇天不負有心人，這是我們閱讀這本傳記後最深切的感受。

我們首先來談談歷史上的關羽究竟是個什麼樣的人。關羽是三國時期蜀國的名將，這是最基本的歷史真實。

不過，史書對關羽的記述極其簡單，陳壽的《三國志》列有〈關羽傳〉，正文只有七七〇餘字；晉人常璩的《華陽國志》也列有〈關羽傳〉，字數更少。即便如此，關羽的生平後人還是可以大致勾勒出來的。

關羽，字雲長，河東解人。根據地方志的說法，確切的說，是今山西省運城市鹽湖區解州鎮常平村人。關羽出生於東漢桓帝延熹三年（一六〇），後因在當地殺死惡霸，避難逃往涿郡，與劉備、張飛結成「恩若兄弟」的關係，共同號召了一批志同道

序論

合的人馬，參與鎮壓黃巾農民起義。後一直追隨劉備，在劉備擔任平原相時，關羽和張飛任別部司馬，分統部曲，劉、關、張的創業由此起步。

漢末大亂，天下豪強紛紛起兵爭奪地盤。劉、關、張是實力很小的一支，但他們的志向很大，以匡扶漢室、安定天下為政治理想和社會宏願，經過艱苦卓絕的奮鬥，抓住了赤壁之戰的機會，最終占有荊、益二州，與曹操、孫權三足鼎立，中國歷史步入局部統一的三國時代。

在蜀漢政權的建立過程中，關羽是立了大功的，這個歷史是確定無疑的。所以關羽被劉備封為前將軍，位列「五虎將」之首。從史傳記載看，關羽是個個性形象非常鮮明的人。關羽的歷史本色，最突出的方面，可概括為以下三點：

（一）關羽是一員勇將。「斬顏良，解白馬之圍」和「威震華夏」是有史籍可證的典型事例。興平元年（一九四），劉備在徐州爭奪戰中被迫投降曹操。建安四年（一九九），劉備藉口攻擊袁術，脫離曹操控制，重新占領徐州，命關羽駐守下邳，行太守事。建安五年（二〇〇），曹操親自統兵攻擊劉備，劉備軍隊寡不敵眾，兄弟失散，關羽暫歸曹營。關羽在曹軍立下「斬顏良，解白馬之圍」奇功一件，有《三國志．關羽傳》的記載為證：

紹遣大將顏良攻東郡太守劉延於白馬，曹公使張遼及羽為先鋒擊之。羽望見起麾蓋，策馬刺良於萬眾之中，斬其首還，紹諸將莫能當者，遂解白馬圍。曹公即表封羽為漢壽亭侯。

於萬軍之中取上將首級，無人敢擋，關羽由此確立了勇冠三軍的「勇將」地位。

關羽在軍事上最聲名顯赫的功業，是曾經「威震華夏」，事情發生在建安二十四年（二一九），當時劉備已經奪占了蜀中，自封為漢中王，關羽被封為前將軍，率軍鎮守荊州，專方面之任：

是歲，羽率眾攻曹仁於樊。曹公遣于禁助仁。秋，大霖雨，漢水泛溢，禁所督七軍皆沒。禁降羽，羽又斬將軍龐德。梁、郟、陸渾群盜或遙受羽印號，為之支黨，羽威震華夏。曹公議徙許都以避其銳。

「水淹于禁七軍」之戰，展現了關羽的「為將之勇」。關羽也許稱不上是個軍事家，但作為一個勇將，還是名實相副的。「勇」也是一種軍事才能，所謂「兩軍相遇勇者勝」，用今天的時髦用語就是敢於「亮劍」的精神。勇是為將的基本素養，如果未戰先怯，就永遠沒有勝利可言。勇作為一種戰爭中的可貴品格，值得永遠頌揚，這是關羽受到後人追捧的原因之一。

（二）關羽是一位「國士」。「國士」是陳壽給關羽、張飛的「褒稱」，就是講大義、講義氣。《三國演義》為了塑造關羽的「大義」形象，精心編造了桃園結義、封金掛印、華容道義釋曹操等精彩故事，但也不是一無所本，至少關羽放棄曹操給的優厚待遇，去追隨當時還一事無成的劉備，是歷史上真實存在的。劉、關、張是否「桃園結義」，正史沒有明確記載，但劉備待關、張「恩若兄弟」，卻是關羽親口說出的。劉關張三人中，劉備不僅年長，而且文化水準、政治手段較高。劉備在那個時代的政治魅力就是高舉「復興漢室」的大旗。「復興漢室」因為劉備姓劉而成為其政治招牌，在因軍閥混戰造成人民深陷苦難的年代，恢復兩漢和平、強盛年代的治世，是人們的強烈渴望。這就是「大義」所在，也是關於對劉備講義氣的前提。為了一個「義」字，關羽不為金錢、地位乃至恫嚇所動，一生追隨劉備。這種「國士」品格，使關羽具備很高的人格魅力，也使關羽這個歷史人物具有了相當的忠義精神、文化挖掘潛力。後人將關羽之「義」拉升到「忠」的高度，其實「效忠」觀念在三國時代並不流行。

（三）關羽是個十分自負的人。根據史書的記載，雖然為關羽刮骨療毒的並不是名醫華佗，但關羽在療傷過程中神態自若卻是言之有據。關羽的威猛剛毅，由此可見一斑。關羽作為一員勇將，威猛是其自負的本錢。但「威猛剛毅」是一柄雙刃劍，「威」可以震服部下，可以嚇住敵人，但在另一種場合，「自負」就會輕敵，「威而少恩」就會失眾。關羽敗走麥城，就是被他秉性的負面因素所傷。陳壽在《三國志》中對關羽、張飛的評價十分精準：「並有國士之風。然羽剛而自矜，飛暴而無恩，以短取敗，理數之常也。」名震史冊、令人敬服的關羽，也是有缺點的，這才是真實的歷史。

中華傳統文化中的關公崇拜，是從宋代開始的。清代著名史學家趙翼在對關公崇拜有一段概述：

獨關壯繆在三國、六朝、唐、宋皆未有禋祀，考之史志，宋徽宗始封為忠惠公，大觀二年（一一〇八）加封武安王，高宗建炎三年（一一二九）加壯繆武安王，孝宗淳熙十四年（一一八七）加英濟王，祭於當陽之廟。元文宗天曆元年（一三二八）加封顯靈威勇武安英濟王。明洪武中復侯原封。萬曆二十二年（一五九四）因道士張通元之請，晉爵為帝，廟曰英烈，四十二年（一六一四）又敕封三界伏魔大帝神威遠鎮天尊關聖帝君……繼又崇為武廟，與孔廟並祀。本朝順治九年（一六五二），加封忠義神武關聖大帝。今且南極嶺表，北極塞垣，凡婦女兒童，無有不震其威靈者，香火之盛，將與天地同不朽。

《三國志》中記述的關羽，從晉歷南北朝到隋唐五代，並沒有受到社會的特別重視；但從宋仁宗時期起，關羽首先被歷代統治者不斷加封，由忠惠公而武安王、英濟王，到明代更晉爵為帝，與孔夫子並稱「文武二聖」。清代，城鄉間祭祀關羽的武廟數量，遠遠超過祭祀孔夫子的文廟，可見關公崇拜之風的興盛。至於道教、佛教及各類民間宗教，更尊關羽為神，加以膜拜。關公崇拜成為中國封建社會後期的一個獨特的文化現象。

宋元明清歷朝統治者加封關羽，可以說是各有所圖。北宋中期以降，外患內憂擠壓下艱難維持的北宋王朝，積弱不振，渴望一種勇武之氣來振奮朝綱。翻檢史書，晉將劉遐、南朝宋戰將薛安都、北魏猛將楊大眼，以勇武出名，時人比之關（羽）張（飛）。這說明，在兩晉南北朝時期，關羽已成為「勇將」的代名詞。北宋朝廷把關羽抬出來，不斷加以表彰，政治用意十分明顯；而由北方少數民族以「勇武」入主中原而建立的元朝、清朝的統治者，封贈關羽，則無疑是為其「武力征服」的合法性加碼。

關公崇拜的興起，還與理學思潮有一定的關係。宋代興起的理學，摒棄了鄭玄以來儒學專注文本注疏的學術傳統，轉向關注社會現實，著意塑造一種以國家價值為取向的，「修身齊家治國平天下」為旨趣的標準理想人格。「國士」關羽，喜讀《春秋》，講義氣、守信用，又勇武蓋世——可謂最完美的道德楷模，朝廷和理學家們都看中了關羽的價值，共同將關羽塑造為一尊道德偶像，供上了殿堂。中國的民間文化很難擺脫政治文化的影響，戲曲、小說對關公崇拜起了推波助瀾的作用，特別是《三國演義》對關羽的形象進行了藝術化、放大化的處理，集忠、義、信、勇等優良品質於一身，使其成為深受人民景仰的大英雄。對推動關公崇拜信仰在基層社會的傳播，發揮了很大的作用。

關公崇拜文化中的關羽是按照中國封建社會的國家道德標準塑造的，和關羽本人有一定的距離。關羽的事蹟被添枝加葉，甚至無中生有；關羽的行事、人品被拉高、美化，比如增加了「溫酒斬華雄」等美談；在理念上把關羽的「義」抬到「忠」的高度大肆宣揚。這對於我們正確評價歷史上關羽其人，會有一種「干擾」。

關羽與關公崇拜，穿越時間的煙雲，沉澱為中華傳統文化中一種獨特的形態——關公文化。在今天，我們如何對待這筆文化遺產，還是一個需要思考的問題。

關公文化遺產，有的已凝結為一種物質的形態，比如中國各地常見的關帝廟，很多已成為重點文物保護單位，其中的精品建築群，如山西運城市解州關帝廟、河南洛陽關林等，已成為旅遊名勝景觀，是中國發展文旅產業的重要依託。遊客參觀關帝廟文化景觀，旅遊體驗不會局限於關公文化，比如解州關帝廟春秋樓的懸梁吊柱設計，就會讓遊客領略到中國古代木構建築技術的超群絕倫。但關帝廟的文化內涵，不一定是關羽與關公崇拜文化。參觀解州關帝廟這樣的傳統道德文化的神聖殿堂，關公文化的感染力必然直擊人心，產生教化作用。對於傳統文化，我們要抱著「取其精華去其糟粕」的態度，既要讓遊客把學習關公文化的優秀精神內涵，又要避免封建迷信、愚忠思想等糟粕，才能使關公文化得到正確的弘揚。

關公文化已經滲透到中華民族的文化心理結構之中，成為中華民族精神的組成部分，成為連接海內外華人的精神象徵。唐代大曆十才子之一的郎士元的〈壯繆侯廟別友人〉五言古詩，稱讚關公「將軍稟天資，義勇冠今昔。走馬百戰場，一劍萬人敵」，「義勇」正是關公文化的精髓。中華民族重大義、講信用，不屈不撓、勇往直前，展現了中華文化蓬勃向上的生命力。弘揚「義勇」文化，對增強我們的文化自信，具有十分重要的現實意義。

序論

第一章　家世

關羽，字雲長，本字長生。祖籍是漢河東郡解縣寶池里下馮村，即現今的山西省運城市鹽湖區解州鎮常平村。該村南依中條山，北瀕運城鹽池，西距解州城九公里，北去運城市區十公里，東至安邑城十七點五公里。在對關羽的生平進行研究之前，我們需先探究一下關羽的家世。

關氏譜系

據稱，關氏為河東郡著姓望族。

在關羽的故里，東漢時的解縣寶池里下馮村，即今運城市常平村，現在已經沒有關姓居民。關氏後人從這裡出走，遷移去了其他地方。這從民間散存的《關氏家譜》中，可以看出端倪。

《關氏家譜》在民間散存著不少，筆者在研究關羽的過程中，曾看到過以下幾種：

山西省運城市北相鎮西古村《關氏家譜》

西古村是關氏後裔聚居地，原名聖裔村。村民有三百多戶，百分之八十為關姓。村裡有北魏孝文帝時的關朗墓。墓碑題「魏記室關公諱朗字子明墓」。據說，這裡的關姓是當年關羽在解州城中殺死惡霸呂熊以後，其族人害怕官府追查，禍連無辜，才從下馮村逃亡遷移到這裡的。這是在古河東地區關氏後裔的最大聚居地。西古村《關氏家譜》為手抄本，是清同治九年（一八七〇）修撰的。內有〈關氏家乘引〉一文，敘述了《關氏家譜》的修撰經過：

聞之，國有史，邑有志，家有乘。同一記載，而意微殊。史所以昭善政，示勸懲；志所以敘沿革，志人文；家乘之設，則序昭穆，聯族姓，上尊祖禰而不忘，下傳子孫於無窮，仁愛之心篤摯而真醇焉。然則，苟孝悌之心，勃興而不自禁，則於族譜之謀，自有殷切者矣。余閱關氏家乘，自雍正九年重修後，世代漸遠，子孫益繁，約計一百五十餘載，未曾修撰。至同治庚午歲，有後裔如漢公，恐昭穆之日久難序也，爰與闔族共議，復為修輯，族下昆弟，皆樂是舉，欣然許諾曰：「及今不敘，後必至於紊亂無稽矣。」遂因舊譜之貽名，並及歷代之配氏，按班就位，次第編輯，俾後之接踵而生者，井井不紊，如木之枝盛葉繁，非有二本；如水之支分派析，同出一源焉。不唯今日之尊卑不紊，即關氏之後裔，有達人，登國史，登邑乘，亦得考先世而溯淵源焉。事既竣，屬余為文。余不揣固陋，聊陳俚語，以待夫關氏後之作者。是為敘。

眷親邑庠生員趙炳炎頓首拜撰並書。

這部《關氏家譜》，奉夏桀時的著名大臣關龍逢為第一代始祖，至關羽為三十七代，從第二至第三十六代都闕名。倡續《關氏家譜》的關如漢為六十五代。現在，西古村的關氏後裔已繁衍到七十二代。譜中錄關羽的兒子共三人，即關平、關興、關索。

趙炳炎《關氏家乘引》之中提到《關氏家譜》曾於「雍正九年重修」，可見，在清朝雍正九年（一七三一）之前，《關氏家譜》已修成，成於何時作者沒有交代清楚。最早的《關氏家譜》及雍正九年的重修本，西古村關氏後裔中都無人保存，僅有同治九年（一八七〇）的這部《關氏家譜》完好地保存下來。

西古村是關羽之後的關氏發祥地，古河東地區的一些關氏後裔，如臨猗縣從善村、從義村，運城市小曲村、王馬村的關姓；河南省洛陽等許多縣市的關氏後裔，都是從西古村遷去的。外地的關氏族人還不斷前來西古村尋根問祖，到常平村關氏家廟祭奠。

關氏族譜

這部《關氏族譜》是清代咸豐年間修纂的，於清同治八年（一八六九）重版印刷，為木刻板，保存得相當完好。譜前有當地關廟執事官、關氏五十六代孫關水田於清咸豐九年（一八五九）撰寫的序。在序中，關水田詳細地介紹了關氏後裔先後從山西省運城市關氏祖居地遷徙河南省各地的情況，這是別的《關氏族譜》中所沒有的。記載遷居的有：

關質遷居舞陽。
關允遷居西平。
關紳遷居扶溝。
關世賢遷居長葛。
關守直遷居郾城。
關大成遷居葉縣。
關明臣遷居陳州。
關大經遷居鄧州。
關應聘遷居許州。
關密遷居泌陽。
關俊遷居太和。
關炳遷居南陽。
關世科遷居洛陽。

關孟題遷居禹州。

關孟林遷居密縣。

關建忠遷居襄城。

遺憾的是，關水田沒有寫出這些關氏後人大量遷居河南各地的原因。但是，據此簡要的敘述，卻也揭示了河南各地關氏家族與山西省運城市關氏家族的血緣關係。

河南省尉氏縣《關氏族譜》最早是從山西省運城市西古村傳抄過去而後續修的，亦尊關龍逢為始祖。

洛陽市南郊李屯關氏後裔是明萬曆四十二年（一六一四），從山西運城遷去洛陽關林為關羽守陵的關氏五十二代孫關世科開始繁衍下來的。李屯現有關姓三百多戶，一千八百多口人，是一大姓家族。關世科遷居之時，曾抄錄了西古村的《關氏家譜》隨身帶去，而後又續修起來。現在，李屯有兩種版本的《關氏族譜》，一是一九五四年版，一是一九八三年農曆版，均為鉛字印刷。這裡的《關氏族譜》與別處的家譜不同的是：

一是列關羽為始祖，即第一代，現在已傳到六十八代。

二是這部家譜是洛陽李屯關姓與河南省原陽、伊陽、嵩縣，山東省東明等縣的關姓聯合修輯的，內容較多。

洛陽市李屯《關氏族譜》的序，介紹了在河南省各地的關氏後裔修纂族譜的情況：

清順治十年（一六五三）癸巳小陽月，五十四世祖、奉祀生諱起鳳（科祖後裔）敬志了第一部《關氏洛陽圖譜》。乾隆二十五年（一七六〇）桂月，五十六世祖、雍正甲辰科舉人諱琰（福祖後裔）親到洛陽聯宗續譜，並敬志了《關氏長垣圖譜》。乾隆二十二年（一七五七）二月，五十八世祖、邑庠生諱禮（科祖後裔）敬志了《關氏疊封》，詳細記載歷代皇帝對聖祖的敕封和賞賜，以及康熙五十八年（一七一九）十月十二日，清帝賜五十六世祖、奉祀生諱爵（科祖嫡系長門）為世襲翰林院五經博士的始末。嘉慶十九年（一八一四）三月望日，六十世祖、世襲翰林院五經博士諱篤行，親到汝寧抄對家譜，並與汝寧宗支聯譜。嘉慶二十一年（一八一六）桂月朔日，六十世祖、世襲翰林院五經博士諱篤行與六十世祖、邑庠生、奉祀生諱化（福祖後裔）共同續修《關氏洛陽、長垣宗支圖譜》。嘉慶二十三年（一八一八），篤行祖與六十世祖、世襲奉祀生諱慎行，共同續志《關氏疊封》。民國九年（一九二〇）正月十九日，六十二世祖諱兆祥敬志《關氏東明宗支圖譜》。西元一九五四年五月，六十一世祖諱錦富與六十二世祖諱振傑、振凱續修《洛陽宗支圖譜》。西元一九八〇年二月十日，福祖後裔振宗、孝然、兆民、源濱共修《關氏東明宗支圖譜》。一九八三年農曆正月在洛陽共賀合譜。

從以上記敘可見，河南省各地的關氏後人，曾先後修纂了一些地方的宗支圖譜，而且，他們相互之間常有聯繫、溝通。洛陽市李屯關姓，由於是在關林為關羽守陵的關世科的嫡傳子孫，就成了河南各地關姓的宗支核心。但是，他們累代都不忘其根基是在山西省運城市。

洛陽市李屯《關氏族譜》也將關索序為關羽第三子。

《關氏歷代世系圖》

一九九三年九月，筆者因拍電視專題片《武聖關羽》曾與湖北省當陽市的關羽文化研究者朱正明先生相識。他贈送筆者一份《關氏歷代世系圖》影印本，說是從臺灣傳回大陸的。此世系圖是手抄件。經核查，它實際是山西省運城市小曲村關氏一支的族譜。關氏這一支，也是從運城市西古村遷移出去的。世系圖是關氏五十九代孫關德全先生修纂的。關德全先生的弟弟關心全先生居留臺灣。此世系圖是關德全先生手抄傳給關心全先生，然後又傳回大陸。

運城市小曲村的《關氏歷代世系圖》由於支派小，所以並不龐大。但是，這個世系圖不同於別處《關氏家譜》的地方是，它不僅敘男而且敘女，這是我看到的眾多的中國氏族譜的一個突破，表現了男女平等的觀念。在世系圖前有關德全之父、關氏五十八代孫、辛亥革命老人，曾任山西文史館館員關克昌（芷洲）先生的一篇《創制家譜敘女例序》。他寫道：

家譜例不敘女，以承宗祧屬男故也。子德全以為女不敘，於聯姻之道有缺。女嫁，終父母之世，兄弟之世，勉而終其子之世可相互來，過此則路人矣，以其久而難稽也。人情有葭莩聯繫則親，無則疏。苟譜敘女載明其適某，則雖久有稽，聯姻之道可以廣。以請於予，予曰可。記曰：尊祖故敬宗，敬宗故收族。

女亦宗族之遺，閱數世而遺之，奚可哉。國家襲海外法，倡平等，使女子有繼承權。失事理之宜，固無足取。惟敘之於譜，使永有可稽，于宗祧承繼之事既無所妨，而收族之義以廣，斯尊祖敬宗之道必益宏矣。矧以葭莩增社會親睦，大裨民德，其又何尤。特事屬創舉，易滋人疑，不可無所言，故敘明例意，以諭來茲，嗣後敘譜者行之便。時中華民國三十三年（一九四四）夏曆歲次甲申十二月八日關聖五十八世孫克昌敬序。

在序中，關克昌先生的某些觀點失之偏頗，如：「使女子有繼承權。失事理之宜，固無足取。」關德全先生也僅從人情親疏來論說敘女入家譜之必要，似屬膚淺。但是，他們主張在家譜中「敘女」，不能不說是關氏父子的一大進步主張，正如他序中所說「事屬創舉」，這是難能可貴的。

《關氏歷代世系圖》還序錄了關羽祖父關審、父親關毅的名諱，這是其他《關氏家譜》所沒有的。

流傳在民間各地的《關氏家譜》還有不少，但大都可能是某地一支的宗譜。據筆者所知，就有荊州、許昌《關氏族譜》等。由於沒有接觸到實譜，所以，不便敘說。在筆者接觸到的幾種《關氏家譜》中，有幾個關氏譜系中的重要問題，是值得考辨的。

關氏始祖

陳壽撰寫的《三國志》，雖然給關羽立傳，但是對關羽的家世沒有任何記載。《唐書》以及後來的《關聖帝君聖跡圖志全集》和《解梁關帝志》中，卻有了關羽家世的種種說法，民間也有不同的傳說。

關氏始祖是誰？

東漢末應劭撰寫的《風俗通義》，在傳世過程中散佚很多。到清代，先後有嚴可均和錢大昕、張澍輯錄的佚文。在佚文《姓氏》篇中記載了關氏來歷。應劭《風俗通義．佚文》卷六記：

關氏，關令尹喜之後，漢長水校尉關並。

後來，《新唐書》也有記載：

關氏出自商（按：商應為夏）大夫關龍逢之後，蜀前將軍、漢壽亭侯羽，生侍中興。其後世居信都（今河北省衡水市）。裔孫播，相德宗。

清人張鎮在《解梁關帝志》之《譜系考辨》中說：

胡琦曰：關氏之先，出夏大夫關龍逢。一云關令尹喜之後。侯居河東為著姓。

張鎮提到的胡琦是元代人，曾編撰有《關王事蹟》。胡琦曾說：

關氏之先，出夏大夫關龍逢也。帝居河東著姓。其世家可究見者三世。（《關聖帝君聖跡圖志全集》卷之二）

胡琦和張鎮都可能是據《風俗通義》或《唐書》的記載，源溯關羽的始祖是關龍逢或關令尹喜。

其實，稱關羽是關龍逢或關令尹喜之後，都是不準確的。

關龍逢是夏代末年夏桀手下的大臣。由於夏桀荒淫無道，殘殺無辜，關龍逢多次直諫，冒犯了暴君，被夏桀殺死。在運城市安邑城東北一公里的玉鉤山下有關龍逢墓，墓前有明代嘉靖年間呂楠鐫立的「夏大夫關龍逢之墓」碑。在運城市區內還曾有過關龍逢廟、關龍逢墓。廟在其他地方也有，如在河南省靈寶市就也有一座關龍逢墓，山西省黎城縣也有關龍逢祠。

關龍逢並不單姓關，而是複姓「關龍」。過去，曾有人對此做過考證、解釋。

一九三四年編纂《安邑縣志》的景定成（梅九）先生在《金石記》中就說：按：關龍大夫（關龍本雙姓，碑陰稱關公，誤。）墳墓，聞平陸、夏縣均有蹤跡，蓋後人景慕前賢，每假塚以為紀念，本不足怪。

《山西通志》卷九《關帝世譜》則說：

謹案：關龍即豢龍，蓋董父之裔，有虞時已居河東。其後但氏關，猶左史之後為左氏，馬服君之後為馬氏也。

依《山西通志》的說法，關龍逢的後人，以「關」為姓，這和關羽似乎可以聯繫起來。但是，從關龍逢到關羽降世，歷時一七〇〇餘年，其間沒有銜接的譜系人物可查，這種祖孫關係就很難肯定了。

至於豢龍，據《聞喜縣志》卷三十一《姓氏》稱：

董氏，始祖董父，世居董澤。相傳董父曾在董澤豢龍。其後裔在董村、中董村及鳳凰原下各村。

這又是說，豢龍始祖為董父，與關姓無關。

至於關令尹喜，傳說他姓尹名喜，是春秋末期的道家，和道家的創始人老聃（李耳）齊名。他做過函谷關尹，後來隨同老聃出關西去。被道家稱為「無上真人」「文始先生」。關令是古代守關之官吏。把「關令」置於「尹喜」之前，是說，「尹喜」曾任職「關令」（或關尹），不能說「尹喜」的姓為「關」。關令尹喜既然不姓關，把關羽說成是「關令尹喜之後」，就不能成立了。

不論說關羽是夏代關龍逢之裔，還是說他是關令尹喜之後，儘管有以上的考辨，而最根本的依據是關羽原本並不姓關。

清代大學者梁章鉅在《歸田瑣記．三國演義》中說：

關公本不姓關。

關羽的出生地解州的民間傳說，也說關羽不姓關。而他的以「關」為姓，是由於在本土殺了惡霸逃亡途中在路過關隘時遭到盤問，他便信口指「關」為姓，從此以關姓名世。這種說法雖然也屬於傳說一類，但是，卻是可以相信的。因為，關羽的確曾經殺人出逃，亡命在外，而且，現今的關羽故里常平村也沒有姓關的人家。

由此說來，關羽和關龍逢或關令尹喜是沒有血緣關係了。後世之所以有人要將他們聯繫起來，只能說是「景慕前賢」的心理作怪，把那有極好名望的關龍逢或關令尹喜，強拉過來作為關羽的遠祖。

關羽究竟原來姓什麼？解州的民間傳說不一，有張、馮、佗、夏四種說法，這四種說法哪一種為是？現在是很難判定了，只好存疑。

關姓被後人譽為河東的著姓望族。據筆者看，這並不是因為關姓始祖的聲望形成的，而是關羽的威名所致。從三國以後，關羽威靈顯赫，聲名日振，他的這個氏族在當地自然會被刮目相看，提高了社會地位，成為天下的著姓望族。

關羽的父祖

關羽成名之後，在他的本傳裡沒有關於他祖父、父親、妻子的記載。但是，在清人於康熙年間編寫的《關聖帝君聖跡圖志全集》裡，卻有了詳細的介紹。先是提到了他的祖父：

聖帝祖諱審，字問之，號石磐，生於漢和帝永元二年庚寅（九〇）。居解梁常平村寶池裡五甲。公沖穆好道，研究《易傳》、《春秋》，見漢政蠱，戚畹長秋，互竊枋柄。戎索（按：指法政）火德灰寒，外枯中竭，絕意進取。去所居之五裡許，得芬場一片淨土，誅茅弦誦，以《春秋》、《易》訓子，數十年謝塵市軌跡，至桓帝永壽三年丁酉（一五七）卒，壽六十八。葬於條山之麓。

又提到了他的父親：聖帝父諱毅，字道遠，克纘父石磐公之學，篤孝有至性。及父卒，即具窀穸（墓穴）於所著讀書處，仍先志也，擗踴（屈腿跳躍）號泣，廬墓終喪，至桓帝延熹二年己亥（一五九）始歸故居焉。

清人馮景在《關侯祖考記》中曾寫道：

予嘗慨漢壽亭侯生而忠貞，沒為明神，廟貌遍宇內，血食綿千古，而其祖、若考名氏獨闕軼，侯在天之靈，必有蠹（悲傷）然隱痛者，予每遇河東博聞之士，必周諮之，不可得。

（《山西通志》卷九《關帝世譜》）

由馮景這段話可以看出，在清代康熙以前，關羽的祖考名諱是闕軼的，誰也不知道個究竟。馮景從「河東博聞之士」中百般探詢，也沒有能夠得到什麼可靠的回答。但是，在康熙十七年（一六七八）卻意外地發現了有關資料。馮景在他這篇文章中對這一發現有詳細記載，並提出了關羽祖父、父親的名諱。而他的這些材料來源是王朱旦的《漢前將軍壯繆侯關聖帝君祖墓碑記》。王朱旦在康熙十七年（一六七八）時任解州州守。這篇碑記是他於當年寫的。

他首先記敘了關羽祖考的情況：

帝祖石磐公，諱審，字問之，以漢和帝永元二年庚寅生，居解梁常平村寶池里五甲。公沖穆好道，研究《易傳》、《春秋》。見漢政蠱，戚畹（按：外戚）長秋（按：宦官），互竊枋柄（按：即權柄）。饋戎索，火德灰寒，外枯中竭，絕意進取。去所居之五里許，得芬場一片淨土，誅茅弦誦，以《春秋》、《易》訓子。數十年絕塵市軌跡。至桓帝永壽三年丁酉（一五七）終正寢，壽六十八。子諱毅，字道遠，篤孝有至性。仍先志，具窀穸於所著讀書處……道遠公廬墓號踴，終喪歸村居，已為桓帝延熹二歲（一五九）。明年庚子（一六〇）六月廿四日生聖帝……稍長，娶胡氏。於靈帝光和元年戊午（一七八）五月十三日生子平……

王朱旦在這裡將關羽的祖考、關羽的生辰年月及其妻、子的情況都述說得非常清楚。但是，這一手資料他是怎樣掌握的呢？他繼續寫道：

康熙十七年戊午（一六七八），常平士於昌肄業塔廟，即道遠公之舊居也。昌醇篤，晝夢帝呼，授「易碑」二大字，督視殿西物，急白郡，寤而就焉，有浚井者，得巨磚，字頗斷裂。昌急合讀，即帝考奉祀厥考之主，中紀生死甲子，並兩世字諱大略。因循山求墓道合券，奔告郡守。郡守王朱旦惄（憂思）然曰：旦於丁酉（順治十四年，一六五七），旅宿涿，夢帝揖迎。畀巨觥曰：「煩椽筆敘生平。」又顧周將軍倉曰：「已極醉，須疾扶，勿致傷。」次日遇客邀飲，醉墜馬，觸巨石無恙，因為《關帝論》一篇。今忽守此，合諸於所陳，則關帝前諭，殆欲表其先塋歟……謹蒐軼跡，書勒豐碑。（《關聖帝君聖跡圖志全集》卷之一）

原來，王朱旦的材料來源於常平書生于昌的一個夢。于昌夢見關羽授給他「易碑」兩個大字，並告訴他將浚井中得到的巨磚趕快報告給解州郡守。因此，當時擔任州守的王朱旦便得以看到這塊殘磚。而且，王朱旦又說：他在清順治十四年（一六五七）旅居河北涿地時，曾夢見關羽給他酒喝，並勞煩他為自己敘述生平。他因此寫過一篇《關帝論》。王朱旦將前後兩個夢合起來一思忖，便寫了這篇洋洋大觀的文字，刻石立碑。於是，王朱旦便回答了馮景長期諮詢而沒有結果的疑問，補上關羽家世中的一大遺漏。

于昌的夢是荒誕不經的，王朱旦的夢也是滑稽可笑的。關羽這段家世闕逸達一五〇〇年之久，關羽如果真是在天有靈，而且，他的威靈異常，為什麼不早早地托人敘述，而要等到這個時候，通過一個書生、一個州官來實現？實在不可理解。

無疑的是，王朱旦杜撰了一個動人的故事，至於他出於什麼動機，那就很難說了。對他所寫的那些很離奇的東西，儘管刻於碑石，流傳於世，人們還是不大相信。在清代就有人提出過懷疑。

康熙二十四年（一六八五），四川遂寧進士張鵬翮出任河東鹽運使，距王朱旦那篇《漢前將軍壯繆侯關聖帝君祖墓碑記》僅七年時間，應該說是可以瞭解王朱旦所寫的一切的。他在《關帝祖塋辨》中就提出了疑問，他說：

有石磬溝，山勢圍環掩映，因名黑峪懷。耆老傳有關聖祖塋。芟辟荊榛，創置祀田，每清明日，遣教官致祭。噫！敬侯而及其祖，可謂禮以義起者矣。然其題神道曰關帝祖，而不著其諱，以無可考也。無可考而闕之，禮也……康熙戊午，解守王朱旦因于昌夢獲瓦篆，遂為侯祖考，傳名諱，紀生卒，用以續志。嗚呼！無所考證而曲為之說……《史記》稱：高帝之父曰太公，則失其名也。母曰劉媼，則失其姓也。司馬遷修昭代之史，尚不知名氏，今去季漢千五百餘年，無文獻足徵，而為侯祖考，臆加名諱，不亦誣乎？或曰：彼蓋徵之夢也。

予曰：夢，幻境耳。彼如曰神有所托夢中，亦止云，視殿西物耳，未嘗曰，吾祖考主也。瓦篆云：石磐隱士，諱審，字問之。男毅供，未嘗書姓也；何以知其為關氏主？未嘗書關帝名也，何以知為關帝祖考……此碣不書其先世諱字，而冠侯之爵於上，則此碣亦非古也，烏足據哉！

（《解梁關帝志》卷之二）

張鵬翮提出的這些質疑，並認為王朱旦所敘述的事實是無根據的，論辯是有道理的。緊隨著張鵬翮提出質疑的還有康熙三十一年（一六九二）出任解州知州的貴陽人江闓。他親自找到當時尚在世的發現巨磚的書生于昌當面詢問，並查詢了其他有關情況，隨後寫了一篇《漢壽亭侯父祖辨》。他在這篇文章中寫道：

予於康熙壬申（一六九二）冬來守是邦。越二年，甲戌（一六九四）八月，公事稍閒，作崇寧宮碑及常平寢殿記。因考公之先世。先是康熙戊午（一六七八）州守王朱旦以于昌一夢一磚，遂執殘磚所見字，指為公之父祖諱。甲子（一六八四）、乙丑（一六八五）間，張運使鵬翮詣廟辨之詳矣。

予乃傳至于昌，問其故。昌曰：戊午夏，昌晝夢關某手書「大易」二字，且云：汝視殿西為何物？既覺，殿西適浚井，得碎磚。磚有字畫。輳（拼湊之意）驗之，左偏字五曰：生於永元二；右偏字三曰：永壽三；中十七字曰：先考石磐易麟隱士關公諱審字問之靈位；旁有字三曰：男毅供；磚背字二曰：道遠。昌因州吏目致之王州守。守指屈年號，謂即關祖若父。云其磚楷書，守挾之去。今鹽池巡檢（按：河東鹽池清代有三個巡檢司。鹽池巡檢司為其中之一。其駐地在常平村近處）王閏久官茲土，並傳至，備詢之。閏曰：王州守在官，閏猶未至。閏至自庚申（一六八〇）。比奉張參議大本修石磐溝墓，掘地得舊碑於墓所。碑亦楷書，刊「漢壽亭侯關公祖考石磐公之墓」，但無建碑歲月，建碑人姓氏。潘州守天植故書「關聖帝君祖墓」，參議公聞而非之，尋復如舊……石磐字磚與碑合，是關氏實有其人，即疑道遠為毅之字似矣。獨殘磚上初無關某祖、關某父之說，及碑出，亦未備載某代某年幾世孫立石，安知同姓中別無其人，安知所遺楷書無歲月一碑，不由於後世之穿鑿傳會者造作哉？輒臆斷為某之父若祖，其謬實甚！……蓋自漢迄今若而年，前賢概未之及；一旦引無稽之名諱而實之，考古者固如是乎？君子曰：闕文可也，存疑可也，可杜撰乎？

（《解梁關帝志》卷之二）

應該說，江闓的考辨文章比張鵬翮的文章更為有理有據。因為他當面詢問了殘磚發現者于昌，掌握了殘磚上所寫的總計三十個字的情況，還瞭解到在石磐溝發現墓碑的情況。所以，他便將王朱旦以殘磚上含義不明的字論定為關羽父祖名諱是「臆斷」「杜撰」，是很荒謬的。

張鵬翮和江闓的文章，實際推翻了王朱旦託名關羽「煩椽筆敘生平」的作偽。王朱旦將這一重大發現僅寫進《漢前將軍壯繆侯關聖帝君祖墓碑記》，而不上報朝廷，說明對此他是心虛的。

到雍正年間，禮部還討論過此事，據《山西通志》卷九《關帝世譜》記載：至馮氏（按：即馮景）所記祖、父名字，本之知州王朱旦祖墓碑。而墓碑已為張文端公鵬翮所疑。雍正中，禮部議亦以《圖》、《志》名字不可信，照文廟匹配孟子父稱先賢孟孫氏例，止書爵號，不著名字。

所以，在《山西通志》關羽世系中，其曾祖、祖、父僅書寫了後世的封爵號：光昭王某、裕昌王某、成忠王某，而沒有書寫他們的名字。

但是，儘管如此，王朱旦關於關羽祖父、父親的名諱的書寫，還是被後人大量引用、傳播。《關聖帝君聖跡圖志全集》、《解梁關帝志》的作者，《關侯祖考記》的作者馮景等等，都是以王朱旦的文字為根據的，而且是肯定的。

還有一個問題，就是于昌發現殘磚是否屬實？根據王朱旦和江闓記敘的情況分析，殘磚是可能有的，殘磚上也確有一些殘缺不全的字。因為，如果沒有發現殘磚，作為一個普通讀書人，于昌沒有膽量去驚動、欺騙州官，而且，州官也不會相信他。只是于昌在向州官王朱旦報告殘磚時，他順便編造了關羽托夢的故事，把這件事神祕化了。使一個來歷不明、不知是誰家物、須進一步考究的東西，被王朱旦武斷論定是關羽家的，並且，他也杜撰了一個關羽托夢的神話。于昌和王朱旦共同在一塊出土殘磚上做文章，編造了一個離奇的故事。這就是殘磚問世後邏輯發展的軌跡。

筆者在這裡不厭其煩地引證前人的文字，目的在於讓讀者瞭解關羽父祖名諱問世的前前後後，去做出自己的辨識。因為在康熙十七年（一六七八）之前，在關羽父祖名諱問題上，本是風平浪靜的，世人並沒有多少論說，待王朱旦一篇《漢前將軍壯繆侯關聖帝君祖墓碑記》問世之後，世間卻眾說紛紜了。時至今日，還有人信以為真，據以傳播，讓這種不足信的謬誤當作事實流傳下去，實在是有違歷史真實的。

關羽的子孫

關羽的子孫、後裔情況如何呢？

據史載：關羽生有二子，長子關平，也是一員驍將，成年之後，跟隨關羽征戰沙場，於漢獻帝建安二十四年（二一九）與關羽同時遇害。有一種傳說：關平是關羽收養的義子。這種說法不可信。陳壽在《三國志》裡提到關平是關羽之長子。次子關興，字安國，隨劉備在蜀，很受諸葛亮的器重，任侍中、中監軍。關興有子名關統，官至虎賁中郎將，又有庶子關彝。

另外，傳說關羽還有一個兒子名關索，在正史裡沒有提及，僅見於《三國演義》（第八十七回）諸葛亮發兵征伐蠻王孟獲時：

忽有關公第三子關索，入軍來見孔明曰：「自荊州失陷，逃難在鮑家莊養病。每要赴川見先帝報仇，瘡痕未合，不能起行。近已安痊，打探得東吳仇人已皆誅戮，徑來西川見帝，恰在途中遇見征南之兵，特來投見。」孔明聞之，嗟訝不已；一面遣人申報朝廷，就令關索為前部先鋒，一同征南。

不僅《三國演義》說關索是關羽幼子，曾隨諸葛亮南征孟獲，在貴州、雲南等地還流傳有關索的故事和遺址：

霸陵橋即關索橋。水從西北萬山來，亦合盤江而趨粵西以入海。關索嶺為黔山峻險第一，路如之字，盤折而上。山半有關壯繆祠，即龍泉寺。中有馬跑泉，甘碧可飲。相傳壯繆少子索用槍刺出者。寺內大竹千竿，青蔥可愛；寺外道旁有啞泉，今已閉。碣曰：亙古啞泉。西巔即順忠王索祠。鐵槍一株，重百餘斤，以鎮山門。按陳壽《三國志》，壯繆長子平，從死寧（臨）沮之難。次子興，為侍中，數年歿，未聞有名索者。意者建興初丞相亮南征，從者其索乎？有功於黔，土人祀之。黔人呼父為索，尊之至以父呼之耶！相傳索從亮南征，為先鋒，開山通道，忠勇有父風。今水旱災癘，禱之輒應，故血食千古。一路至滇，為關索嶺者三，而滇中也有數處，似為壯繆子不謬也。或謂關鎖嶺之訛……誠為千載疑案。

（《關聖帝君聖跡圖志全集》增集）

這段文字，是香港陳鐵兒先生引自《黔遊記》。《黔遊記》的作者是清代的陳鼎。在他之前，明代的著名旅遊家徐霞客的《黔遊日記》對此也有文字記敘：

……望之而下，一下三里，從橋西度，是為關嶺橋。越橋，即西向拾級上，其上甚峻。二裡，有觀音閣當道左；閣下甃石池一方，泉自西透穴而出，平流池中，溢而東下，是為馬跑泉，乃關索公遺跡也。閣南道右，亦有泉出穴中，是為啞泉，人不得而嘗焉。余勺馬跑甘洌次於惠，而高山得此，故自奇也；但與啞泉相去不數步，何良楛之異如此！由閣南越一亭，又西上者二裡，遂陟嶺脊，是為關索嶺。索為關公子，隨蜀丞相諸葛南征，開闢蠻道至此；有廟，肇自國初，而大於王靖遠，至今祀典不廢。越嶺西下一裡，有大堡在平塢中，曰關嶺鋪。乃關嶺守禦所所在地。

明、清兩代文人都在貴州省境內遊歷了關索嶺、關索橋以及與關索相關的馬跑泉等遺跡。可見，關索在貴州是頗有影響的。

在《三國演義》裡突然冒出一個關索，而且，在貴州、雲南等地方又有許多處以關索命名的遺跡。那麼，關索是否有其人？有其人是否就是關羽幼子？陳鼎稱之為「千載疑案」。筆者認為：關索見於《三國演義》，係小說作家羅貫中的虛構，並非實有關索其人。而雲南、貴州等地方有以關索為名的古跡，亦極可能是訛傳。因為：（一）如果關索確有其人，而且是關羽之幼子，並且為諸葛亮南征孟獲時的先鋒，陳壽在作《三國志》時，儘管他對蜀漢存有偏見，還是為關羽其他二子都附記了數筆，為什麼獨獨不記關索？如果說這也是由於陳壽的偏見所致，有點說不通。（二）按說，關索既為諸葛亮南征時的先鋒，又在那裡留有許多的以他名字命名的古跡，可見，他在南征中是功績顯赫的。因此，理應得到蜀漢皇帝劉禪的賞封，但是，蜀漢史對此沒有任何記載，既不記他的戰功，也不記對他有什麼賞封。（三）後世官方所作的關羽三代譜系，如《山西通志》的《關帝世譜》，也僅僅有關平、關興而不提關索。只有關氏後裔所修纂的《關氏家譜》中序列了關索。這種序列，筆者認為極可能是受《三國演義》的影響。

據說，在關羽水淹七軍時被關羽殺死的魏將龐德的兒子龐會，後來隨鄧艾、鍾會進軍滅蜀以後，為報父仇，將關氏在蜀家族殺盡滅絕。所以，後人說從關羽開始，關氏僅三代。但是，北魏關朗、唐代關播都稱是關羽之後裔。這兩個人都被一些關氏後裔修撰的《關氏家譜》錄入，甚至有人如《解梁關帝志》的編撰者都說關朗是關彝之子。運城市西古村的《關氏家譜》亦列關朗是關彝之子，為四十代，這是不可能的。因為，關彝在蜀漢末亡時是在西元二六三年前後，而關朗是北魏孝文帝（四七一—四九九）時人，兩人相距兩百餘年，怎麼可能是父子關係？

關氏家族沒有絕滅，這應是事實。因為即使龐會將在蜀的關氏族人殺絕，在關羽原籍還會有關氏存在。山西省運城市西古村關氏後裔繁衍至今，就足以證明。

對於關氏後裔撰修的《關氏家譜》中關羽的父祖名諱、子孫如關索者，清以前官修的志書都持謹慎態度，沒有正式引用。但是，對關氏較遠的後人卻又逐漸承認，並授予世職。清雍正四年（一七二六）授予解州關羽後裔五十二代孫關居斌為世襲翰林院五經博士。雍正六年（一七二八）五十三代孫關世（一為運）隆襲。乾隆二十二年（一七五七）五十四代孫關金鐘襲。乾隆五十三年（一七八八）五十五代孫關國選襲。嘉慶十六年（一八一一）五十六代孫關兆慶襲。道光二十年（一八四〇）五十七代孫關恩紹襲。同治十二年（一八七三）五十八代孫關繩武襲。此外，在洛陽和荊州也授予關羽後人翰林院五經博士世職。（參見《山西通志》卷九《關帝世譜》）

第二章　英雄少年

東漢桓帝延熹三年（一六〇），關羽出生於河東郡解縣寶池里下馮村（今山西省運城市鹽湖區解州鎮常平村）。在這裡，他度過了青少年時期。儘管是青春年少，關羽已顯示出他不同於一般人的個性。

關羽出世

關羽的生辰，在陳壽撰的《三國志．關羽傳》裡沒有記載。康熙三十二年（一六九三）刊行的《關聖帝君聖跡圖志全集》說他出生於東漢桓帝延熹三年（一六〇）六月二十四日。光緒十八年（一八九二）付印的《山西通志》也採用這一說法。而乾隆二十一年（一七五六）刊印的《解梁關帝志》則說他出生於五月十三日，或說六月二十二日。清人梁章鉅在《歸田瑣記．三國演義》中也說他生於五月十三日。還有說關羽生於戊午年戊午月戊午日戊午時，即所謂「四戊午」生，也就是漢靈帝光和元年（一七八）。在這四種說法中，「四戊午」生是最不可置信的，它是星相家的故弄玄虛。前人對此說大都不認可。《三國志集解》引梁章鉅考證認為：如果按這一生辰計算，關羽與劉備、張飛在漢獻帝初平元年（一九〇）相識於涿郡時，僅十二歲，那是不可思議的。至於另外三個生辰，年代相同，月日則相差無幾。只是，解州當地群眾長久以來認定六月二十四日是關羽生辰，至今沿襲，每到這一天，都要舉行廟會、祀奠活動。因此，在諸多說法中，關羽生辰為東漢桓帝延熹三年（一六〇）六月二十四日是較為可信的。

關羽的出生，本來是極平凡的事，但是，由於他後來成為一代名將，封侯、封王、封帝、成神，顯赫於世，因此，便演繹出許多故事來，主要有兩個方面。

一是說風水寶地育生了聖人。如《關聖帝君聖跡圖志全集》卷之一云：

其地（按：指關氏祖塋）適當條（按：指中條山）之至中。群峰交擁，勢馳萬馬，咸整整列，無亂顏行，左旗右鼓，俯瞰解池，盤旋襟帶，山靈發祥，篤生聖帝，非偶然也。

這是說關氏祖塋佔地風水好。關羽的降世，並非偶然的事。又如《解州全志》卷十六說：

聖（按：指關羽）為解產。解地逼近中條、涑水。鹺海（按：指運城鹽池）回環縮結，而又大河繞外，砥柱當中，山雄水闊，地脈鍾靈，亙千古而生聖一人。其雄勁闊達，嶽峙淵亭，適與山川形勢相肖。

這是說，解州山雄、水闊、地靈，從而孕育出這樣一位千古聖人。

二是說關羽生來就是非常之人，他是很有來頭的，是上界的青龍君降世。解州一帶民間傳說：關羽本是天界的青龍君，負責巡視下界的冀州。後來，由於蚩尤的精靈在鹽池作亂，惹惱了天帝，他不辨青紅皂白，便決定從正月十五日起施放天火三天，以懲罰解州地面的生靈。一天，青龍君在解州境內巡視，看見一個青年婦女懷裡抱著一個大孩子，手裡拖著一個小孩子在路上行走。他認為這是乖於常理的事，便上前詢問起來。那婦女告訴青龍君：小孩子是她的親生兒子，大孩子是她故世的兄嫂遺留由她撫養的孩子，因此，格外地疼愛一些。青龍君聽了十分感動，認為這裡的人十分純樸、善良，便產生了惻隱之心，就告訴了那個婦女即將施放天火的事，讓她從正月十五日晚上開始，連續點火三個晚上，可以避免災禍，並再三告訴她天機不可洩露。誰知，那個婦女心地很善良，認為不能只管自己一家，而置鄰里鄉親的生命財產於不顧，便把這個消息告訴了當地群眾。於是，從正月十五日到正月十七日，解州群眾就燃火三天避災祈福。後來，天帝知道是青龍君洩露了天機，犯了天條，一怒之下，便把青龍君貶降到人世來，關羽就是青龍君托生的。還有文字記載說：

漢桓帝延熹三年（一六○）庚子六月廿四日，有烏龍見於村，旋繞於道遠公（按：道遠公

即關羽之父）之居，遂生聖帝。異哉！猶之二龍繞室，五老降庭，生孔子也。

（《關聖帝君聖跡圖志全集》卷之一）

把關羽降生的烏龍出現，與孔子出世的「二龍繞世，五老降庭」相提並論，是說，這文、武二聖人都是來歷不凡，生而異常。

解州每年正月從十五日到十七日，要連續鬧三天紅火，便是由這個傳說生發而來的。

無論是風水寶地出聖人，還是關羽為青龍君降世，都屬於無稽之談。這是關羽成名顯世之後，世人借助封建迷信的風水思想來解釋他的出世，並神化他有不平凡的來頭以昭示世人，與許多宣揚歷代封建皇帝是「真龍天子」降世如出一轍。而且，這樣人為的傳說與許多年以後，又人為地將關羽封帝封神是前後呼應、因果互照的。

其實，關羽的出世是很平凡的，他以後的成名、顯赫，有其歷史的、社會的、個人的諸多原因，絕不是「命中注定」的。

生逢亂世

關羽出生的時代，是中國社會由相對穩定而走向長期動亂的時代。

劉邦創建的西漢政權延續了二百年以後被王莽的新莽政權取代。但是，由於社會矛盾的尖銳、社會階級紛爭的激化，整個國家猶如一個火藥桶，一觸即爆。坐在火藥桶上的王莽的政權是短命的，很快就被轟轟烈烈的綠林、赤眉農民起義推翻了。儘管英勇的農民起義軍打擊了封建統治，推翻了王莽政權，獲得了輝煌的勝利，但是，勝利的果實卻沒有落到農民起義軍手中，而被西漢的宗室、南陽大地主劉秀篡奪了。西元二十五年，劉秀登上了皇帝寶座，建立了東漢政權。

光武帝劉秀是大地主、大豪強勢力的代表。他在結束了一場動亂以後，加強了中央集權的專制體制，從而穩定了封建統治秩序，使得東漢政權在一個相當長的時期內能夠有效地控制全域。但是，東漢政權的階級基礎是豪強、大地主集團。在這個集團中，上層豪強勢力的政治代表是外戚，他們要把持和獨享政治權力。而下層豪強勢力，則以宦官為他們的政治代表，要求分享政治權力。因此，在東漢初期中央政權相對穩定的時期，外戚和宦官兩個代表各自利益的集團，就經常出現矛盾、衝突、鬥爭。到漢章帝劉炟去世，漢和帝劉肇繼位以後，封建統治集團內部矛盾日益尖銳，外戚和宦官交替專權。而在兩個集團之外的士大夫官僚集團，也捲入了這場鬥爭。為了掌握中央政權，各勢力集團你爭我奪，血腥殘殺，因此，政治日趨黑暗、腐朽，社會也日益動亂不安。地主階級的殘酷剝削也使農民階級與地主階級的矛盾愈來愈尖銳。黑暗的政治統治、殘酷的經濟剝削下，廣大農民生活在水深火熱之中，不能再忍受下去，於是，便紛紛舉行武裝起義。從漢安帝到漢靈帝的七十餘年間，「見於記載的農民暴動，大小合計將近百次。至於各處的所謂『春饑草竊之寇』『窮厄寒凍之寇』更是不可勝數。那時，農民中流傳著一首豪邁的歌謠：『小民髮如韭，剪復生；頭如雞，割復鳴。吏不必可畏，民不必可輕！』這首歌謠極其動人地表現了東漢農民前赴後繼地進行爭鬥的英雄氣概」（翦伯贊：《中國史綱要》第一冊第一九〇頁）。風起雲湧的農民暴動，雖然一次又一次被東漢統治集團鎮壓下去，但是，農民起義卻動搖了東漢政權的社會基礎。不久之後，歷史上規模空前的黃巾大起義爆發了，東漢王朝被徹底瓦解。

關羽就是在這樣一個朝政腐敗、社會動亂的年代裡出生的。在社會動亂的生活環境裡，年幼的關羽必然會受到影響，他的身心被烙上時代的印記，從而影響到他以後的成長與發展。

家庭出身

關羽的家庭出身，正史裡沒有任何記載，但是，民間傳說卻很多。

第一種說法，關羽的家庭是書香門第，他的父親是讀書人，因此，關羽從小讀過書，又習過武。他讀書的地方，一種傳說是在一位姓胡的私塾先生家裡，他後來娶的夫人就是胡先生的女兒胡玥。這胡先生及其女兒胡玥均為民間傳說，未見於正史。另一種傳說是在解州城裡。關羽每天去解州上學要經過一個叫五里堆的地方。有一天，他又走過五里堆時碰見一條大蟒。那大蟒經常傷人。關羽為了助民除害，就直奔大蟒，抓住了它的尾巴用力一抖，大蟒便變成了一把寶劍；但是，劍在鞘中卻拔不出來。而寶劍上刻有一行字：「遇有濟民之時，劍出。」從此，他便將寶劍帶在身邊，朝夕不離。

第二種說法，關羽的父親是賣豆腐的，他也曾幫助父親賣豆腐過日子。

第三種說法，關羽家裡很窮。關羽的祖父給財主家當長工，有一次他上中條山幹活，不幸摔死了。當地風俗，死在外邊的人是不能運回村裡的，因此，關羽的祖父就地埋在了中條山上，這就是關羽祖塋在中條山上的起因。到關羽這一代，家裡還是很窮。關羽在解州城裡一戶蔡姓地主當過長工。

第四種說法，關羽是鐵匠出身，屬於農村的手工業藝人，靠走村串巷打製小農具糊口。一九六五年一一月二五日當代著名歷史學家、文學家郭沫若在參觀解州關帝廟後題詞說：「傳說關羽是鐵匠出身，在鄉曾打死欺壓良民的惡霸，這個故事頗有階級鬥爭的意義，這可能不是虛構。從這個角度上，我對於這位古人可以表示敬意。」

這種種傳說的一個基本共同之處是：關羽的家庭不是有錢有勢的富貴人家，即使說是書香門第，也不顯赫，而是農村的貧苦百姓，屬於社會的底層。同時，根據關羽熟悉《易傳》、《春秋》，而又武藝高強來看，他在青少年時期是讀過書，並練習過武功的。這在當時農村是很正常的現象。大概正是因為關羽出身窮苦，接觸了東漢末期階級矛盾尖銳、社會動亂中的普通老百姓受苦受難的嚴酷生活，又接受了儒家思想的薰陶，所以，在青少年時代，就顯示出他心懷正義、剛正不阿、好打抱不平的性格，惹出許多是非來，以致殺人出逃，亡命在外。

憫冤除霸

關羽在他的故鄉度過了少年時代，年長後與他的老師胡先生的女兒結婚，生子關平。約在十九歲時，由於殺了惡人，而後逃亡他鄉。

陳壽在他的歷史巨著《三國志》卷三十六《蜀書．關羽傳》裡曾寫道，關羽「亡命奔涿郡」。雖然寥寥五個字，卻隱約道出他是改名換姓，逃亡在外。

在《三國演義》中，羅貫中讓關羽自己道出了亡命在外的原因：

吾姓關，名羽，字長生，後改雲長，河東解梁人也。因本處勢豪，倚勢凌人，被吾殺了；逃難江湖，五六年矣。今聞此處招軍破賊，特來應募。

（《三國演義》第一回）

《三國演義》裡所寫的是虛虛實實，既不全是史實，也不是純屬虛構。關羽自白的這一段話，筆者認為是實寫，而不是虛擬。

史書和演義小說提供的關羽「亡命」的事實是有所據的。關羽的確是因為在本鄉殺了豪強而後改名換姓逃亡在外，輾轉到了涿郡的。

關羽在本土解州殺人的傳說也有好多種版本，這些傳說不僅在當地群眾中廣為流傳，而且，還出現在有些戲劇、平話本中。

傳說之一：關羽在解州城裡蔡家當長工時，因為看到蔡家地主仗勢欺人，無惡不作，就殺了蔡氏一家，然後逃亡。

傳說之二：解州有州官臧一貴，看到東漢末年群雄四起，天下大亂，便也想起兵造反，稱霸一路。他聽說關羽勇猛過人，便把關羽請到州衙，共商大事。關羽聽說臧一貴要造反，就仗劍刺死他，然後出逃。這個傳說被演繹到元雜劇《劉關張桃園三結義》裡。

傳說之三：關羽由於年少氣盛，經常在外惹事，被他父親鎖閉在後園一個空房子裡。一天晚上，他越窗逃出，聽到牆外有個女子哭得十分悲傷，還有一個老漢陪著哭泣，關羽便過牆詢問。老人說：他這個女兒已有婆家，但是，本縣縣尹的舅爺卻要強娶他的女兒為妾。老人告到縣衙，卻被縣尹痛罵了一頓。父女倆走投無路，因此啼哭。關羽聽說以後，怒火中燒，便仗劍闖進縣衙，殺了縣尹和他的舅爺後出逃。這個傳說被清代文人梁章鉅寫進了他的《歸田瑣記．三國演義》中。

傳說之四：關羽喜歡讀《春秋》，每看到亂臣賊子、貪官汙吏便惱恨。解縣縣官貪得無厭，掠奪群眾財物，禍害百姓，因此，關羽就把縣官殺了，亡命逃遁。這個傳說見於元代刊行傳世的話本《三分事略》和《三國志平話》。

傳說之五：解州城內有豪強呂熊，是當地一霸，被人稱為熊虎員外（或動護員外）。他勾連七姓富豪，目無法紀，為所欲為，欺壓百姓，掠奪民財，姦污婦女，無惡不作。有一天，關羽遇到一個名叫韓守義的人，向他哭訴自己被呂熊凌辱、女兒被霸佔的事。關羽髮指眥裂，而他在五里堆得到的那把寶劍也自動出鞘了。關羽情知這是「濟民」的時候到了，便讓韓守義領路，揮劍斬殺了七姓家族中的一百零八人，然後，他潛逃於外。這個傳說在眾多的傳說中是流傳最廣，而且較普遍被大眾認可的。它被《關聖帝君聖跡圖志全集》、《解梁關帝志》等書所採納。

演義小說與民間傳說的不同敘述的共同點是，都認為關羽是殺人出逃在外的。而史書《三國志》的記載雖然沒有點明，卻也隱含著這層意思。因此，可以肯定地說：關羽的亡命是由於他在本鄉殺了人。

從關羽殺人的種種傳說中還可以看出，他殺戮的物件，一是貪官污吏，二是地主豪強、惡棍之流。這些人都是社會上倚仗權勢稱霸、作惡一方的丑類，是被普通老百姓所仇恨的，詛咒的，欲除之而後快的。正因為如此，大眾才演繹了關羽殺人的不同傳說，反映了老百姓的不同心態，他們把剷除社會醜惡的希望寄託於俠義之士，而關羽正是這種俠義之士。

由於關羽的殺人之舉不是仇殺，不是情殺，也不是為個人某種慾望、私利的兇殺，而是仗義殺人，除暴安良。因此，雖然第五種傳說說他殺人很多，連誅呂熊七姓一百零八人，老百姓還是非常讚賞他的行為，稱譽他為義士，褒其行為是義行，而不責備他是濫殺。

可以看出，關羽在青少年時代，就是一個性情剛烈、疾惡如仇、富於正義感、敢作敢為的人。這種性格的形成，是源於他出身貧寒和在社會底層的生活經歷。他耳聞目睹了普通老百姓種種痛苦、悲慘的遭遇，使他能在關鍵時刻挺身而出，仗義拼命，做出了一些豪壯義烈的事蹟。關羽在殺人後，便離開本土而逃。在逃亡途中，發生了他易姓的事。清人梁章鉅在他的作品《歸田瑣記．三國演義》中寫了關羽的這段經歷：

> 至潼關，聞關門圖形捕之甚急，伏於水旁，掬水洗面，自照其形，顏已變蒼赤，不復認識。挺身至關，關主詰問，隨口指關為姓，後遂不易。

關羽本不姓關，他姓「關」的來由是在他逃亡中，出潼關時，「指關為姓」而變易的。潼關在黃河以南的陝西境內，地當秦、晉、豫三地要衝。

在河東民間還有一種傳說，說關羽出關的「關」，不是潼關，而是大慶關。大慶關又名蒲津關，在漢代名臨晉關，宋代改大慶關，位在秦、晉兩省分界處。

而河北涿州一帶民間則傳說，關羽出關的「關」是紫荊關。紫荊關在宋代名為金坡關，位於河北易縣紫荊嶺上，為進入河北平原的重要關口。

這些傳說說明關羽逃亡出關「指關為姓」的故事，流傳極為廣泛。關羽的故里解州，距潼關和大慶關距離較近，步行也僅只是一天多的行程；而距紫荊關則甚遠，需步行十多天方能出關。因此，筆者以為，關羽出逃，極可能是走潼關或大慶關這一路，而不會是紫荊關。

按當時當地關羽的處境來說，他面臨官府的搜捕，各重要關隘渡口，都掛著他的圖形，因而十分危險，為了脫身，逃出虎口，在遇到把守關隘的官兵盤查時，「隨口指關為姓」，是合乎情理的，也是他情急生智、反應敏銳的智慧表現。從此，關羽便以「關」為姓，揚名於世，而他的本姓卻被人們遺忘了。

梁章鉅在《歸田瑣記．三國演義》中記述的這個故事，可能也是採自民間傳說。在解州，民間傳說關羽出逃、指關為姓的情節與此完全一致，而且更為神奇、生動、多彩。

民間傳說說關羽在出逃途中，眼看後邊的追兵來了，便躲到了一座橋下，正好，橋下有一位老婦人在洗衣服。那位老婦人是觀世音大士化變的。她指點關羽將鼻子打破，用鼻血塗紅了臉，拔下頭髮粘到嘴唇上。待到追兵來到橋頭時，看見的是一個紅臉長鬚漢子，而不是他們要追捕的白面無鬚青年，所以，追兵便不在意這個紅臉漢子。關羽在觀世音大士幫助下，騙過了追兵，並混出了潼關。後來，關羽到黃河邊掬水洗臉上的血跡，黃河水本來是清的，關羽洗來洗去，把黃河水都洗渾了，變成了黃色，關羽臉上的血跡也沒有洗淨，那粘在嘴唇上的頭髮也拽不下來了。從此，關羽就成了赤面長髯的漢子。

民間口頭的這種傳說，當然是附會，也是繼關羽是上界青龍君降世神化之後的又一種對關羽的神化——不幸落難，神人搭救。對民間的這種無稽的傳說，且不可小看了它的影響。羅貫中在《三國演義》第一回裡描繪關羽的形象時便寫道「身長九尺，髯長二尺，面如重棗，唇若塗脂；丹鳳眼，臥蠶眉；相貌堂堂，威風凜凜」。

羅貫中的這段描寫，基本上給關羽的形象定了型。後世所見到的關羽形象，無論是繪畫、雕塑、戲曲、文學作品，都是這個樣子。

羅貫中是山西太原人，生活於元末明初。他很可能聽到過關羽出逃經過的傳說，因此，他在著筆之際，受民間傳說的影響，並且更著意勾畫，為關羽繪了像。當然，戲曲舞臺上的關羽形象，也可能影響到他的創作，而戲曲舞臺上關羽形象的最初創造，也極有可能源於民間傳說。

關羽形象的另一傳說是他臉上有七顆痣。清人說：

都城舊有帝像，言先朝從大內（按：指皇帝宮廷）出者，其面色正赤，面有七痣，鼻準二痣尤大。鬚髯則稀疏而滿頤，非五縷也。未知真否。

（《解梁關帝志》卷之一）

在解州關帝廟內有「關聖遺像碑」。碑上的關羽形象與都城裡的關羽形象有共同之處，《解州全志》卷十一《古跡》載：

在西門外廟內，相傳為關聖五十三歲真容，漢建安年間所寫。面有七痣，鬚髯則稀疏而滿頤。海內敬奉摹拓，日不暇給。舊碑模糊，乾隆二十七年（一七六二）知州言如泗重摹上石。州庫內藏漢壽亭侯玉印，玉質斑駁，篆文古勁，與石刻並重。

這通石刻像為坐像。碑高一點一六公尺、寬〇點六四公尺，未著刻石年月。乾隆二十七年（一七六二）言如嗣重刻時，是照原拓片摹刻，也未著年月。此像是否是建安十八年（二一三）關羽五十三歲時寫真，尚屬疑問。石上除繪像外，右上方尚有記敘文字，與上邊的引文內容相同。

此先聖五十三歲遺像，藏於解廟，相傳至今。面有七痣，鬚髯稀疏而滿頤。瞻仰之下，肅然生敬焉。

石刻右上方為贊詞：

今古浩然，正大剛毅。山西一人，並立天地。像存故鄉，惠千萬祀。

此石刻像現存於運城市博物館。該館尚收藏有「關聖帝君像」石刻碑，碑高一點一六公尺、寬〇點五八公尺，這是一尊騎馬提刀像。較前一尊坐像尤為生動。原刻石時間沒有記載，因此，它原成像鐫刻時代就不可考了。現在的這塊石刻碑是在一九二二年重新摹刻的。石像正上方還刻有「漢壽亭侯印」。下方為贊詞：

義存漢室，致主以忠。春秋之旨，獨得其宗。

天地合德，君師同功。聖神文武，百世所崇。

關羽遺像碑在其他地方也有，而且還有木刻版畫像。這些像都突出了關羽生而英奇、雄偉壯雅、鬚髯飄逸、鳳眼如炬的神采。

關羽畫像在《三國志》卷十七《魏書．于禁傳》裡曾提到過：

建安二十四年（二一九）……文帝踐阼，權（孫權）稱藩，遣禁（于禁）還。帝引見禁，鬚髮皓白，形容憔悴，泣涕頓首。帝慰諭以荀林父、孟明視故事，拜為安遠將軍。欲遣使吳，先令北詣鄴謁高陵。帝使豫於陵屋畫關羽戰克、龐德憤怒、禁降服之狀。禁見，慚恚發病薨。

關羽當時聲名很高，畫像可能很逼真，對後世關羽形象也會產生影響。魏文帝曹丕就用這一幅關羽水淹七軍時的畫像，斷送了于禁的性命。

關羽臉上的痣，在面相家看來，大概是一種「富貴」痣，痣有七個，就是大富大貴了！實際上，後人這種對關羽形象的著意描繪，也是為了給他們心目中的英雄人物添彩。

關羽殺人之後，外逃他鄉。但是，他闖的這個禍，卻殃及了他的家人。關羽的父母雙雙投入自家院裡的一眼水井中自溺身亡；他的妻子胡氏帶著兒子關平逃到娘家避難（又一說是隱居在中條山下避難）。這事，在民間廣為流傳。後人在關羽父母投身自溺的井上建立了一座塔，被稱為塔墓。塔墓在關羽常平村故居前院東側，現在還保存完好。解州關帝廟裡有一通石碑，上面刻有一段文字敘述其事：

關聖於靈帝光和二年己未（一七九），憤世嫉邪，殺豪伯而出奔。聖父母顯忠遂良，赴金井而身死。

至中平元年甲子（一八四），里人為帝有扶漢興劉之舉，遂建塔井上。金大定十七年（一一七七），又有本社工興，重加弘峻。凡往來過客，知建其塔，不知其塔為墓者十有八九。即詢知其來歷者，亦不過揖塔而三嘆曰：聖父母其在斯乎，聖父母其在斯乎！

關羽父母投井自殺，就事情發展的邏輯來說，是可信的。他的妻子又避居他鄉；他的同姓族人也外逃，移居到運城以北的西古村。關羽本人外逃後也沒有再返回故里。所以，他父母的遺體就無人掩葬，而長眠於井下。這從中條山麓被視為關氏祖塋的墓地中僅有其祖父塚而沒有關羽父母葬塚，也可以得到佐證。

關帝廟碑記說關羽逃亡離鄉的時間是漢靈帝光和二年（一七九）。這一年，關羽已經十九歲。按照《華陽國志．劉先主傳》有關劉備的記載，說劉備在「中平元年（一八四），從校尉鄒靖討黃巾賊有功，除安喜尉」，關羽這時已追隨劉備參加了和黃巾軍的戰爭，再參照《三國演義》中關羽結識劉備時說「逃難江湖，五六年矣」的推論，關羽在漢靈帝光和二年（一七九）他十九歲時逃亡在外，是比較符合歷史實際的。他輾轉奔波五六年後與劉備、張飛相遇，從而結束了亡命生涯，開始了他生命歷程中新的一頁。

第三章　歷經磨難

關羽在故鄉除惡外逃，從此浪跡天涯。後來，他走到涿郡，在那裡結識了劉備和張飛，開始了新的征程。

在關羽生命史中的這一個時期，他歷經磨難，承受了各種考驗，也給後人留下了許多的故事。

亡命走涿郡

東漢涿郡（治今河北省涿州市）位於河北平原的中部。今此地與北京毗連，是北京的南大門，位居咽喉，地理顯要。這裡歷史悠久，文化燦爛，地勢平坦，物產豐富，商旅雲集，市場繁榮。清朝的乾隆皇帝有一次出京下江南途經涿州時，為城北拱極門題寫了一副楹聯：

日邊衝要無雙地，天下繁難第一州。

於是，涿州便得到了「天下第一州」的美譽。關羽在解州故里殺人出逃，流落他鄉，到處奔走，有五六年之久。這期間他做了些什麼？無從查考。在民間各地都有關羽的種種傳說、故事，但是，都沒有他生活經歷中這一段的故事。這原因是很清楚的，因為，那個時候，關羽還是個無名之輩，隱姓埋名，浪跡江湖，誰也不會注意他，而他也沒有做出什麼驚天動地的事情。

關羽在各地流落數年之後，在漢靈帝中平元年（一八四）來到了涿郡。現在，在涿州市民中間還流傳著當年他來涿郡的故事，說他推著一輛小車，車上裝著他販賣的綠豆，進了涿郡的糧食市場——水門溝。這說明，他那時還是個小商販，靠販賣糧食糊口。從這個故事也可以想像到，關羽在各地流浪的數年，是非常窮困的，靠著做小商販，也許還幹些別的什麼營生來維持生活。當然，按照關羽年少氣盛、性情剛烈的個性來說，這種生活是迫於無奈的，不能長期承受的。雖然有家卻回不得，他只好一路流落下去，等待和尋覓著生活的轉機。在涿郡，關羽結識了劉備和張飛。

劉備是大樹樓桑人。大樹樓桑在涿郡城南十公里處。這一帶一共有五個以樓桑命名的村子：黃樓桑、泰樓桑、樓桑廟、樓桑鋪、大樹樓桑。大樹樓桑是五個村子中的一個。

劉備，字玄德，他是漢王朝的宗室，漢景帝的兒子中山靖王劉勝的後裔。劉備的祖父叫劉雄，父親名劉弘，都在郡、縣任過不大的官吏。後來，家道中落，屬於破落貴族。

在大樹樓桑一帶，流傳有許多關於劉備的故事。民間傳說說劉備一家曾流落到四川。他父親有兄弟三人，他祖父懂得陰陽，能看風水。有一天，這兄弟三個問他祖父，他們這個家還有沒有希望發達起來。祖父回答說：「你們誰要想發家，就從這裡朝北走，什麼時候看到牛上房、車上樹、腳上穿的鞋有八斤重時，就在那兒落腳，那兒是咱們的老家，在五丈桑有咱們的祖墳，到那裡一準能夠發家！」

劉備的父親劉弘就帶了妻子，挑了家當，一直往北走。他們夫妻倆一路風餐露宿，不知過了多少日子，才走到涿郡南一個叫泥窪鋪的地方，忽然，天下了大雨。村邊有座廟，劉弘兩口子就進廟住下來，躲避風雨。

第二天，劉弘夫婦走出廟門，準備繼續上路時，忽然發現泥窪鋪村北的土坡上有一頭牛正在吃草，坡下有個木門。原來那是依著土坡蓋的一座房子，吃草的牛正好在房上。他們又看見，在近處的一棵棗樹的樹杈上掛著一架紡棉花車。「牛上房」「車上樹」，這情景正好應了他父親的話。劉弘兩口子又走到村裡找到一位老大娘，借人家的秤稱了一下鞋子，鞋子由於沾了泥，很沉，一稱，不多不少，正好八斤半重，也應了他父親的話。劉弘兩口子知道是回到自己老家了，心裡好不快活，便向老大娘打聽五丈桑，老大娘指點說：就在泥窪鋪北邊不遠處。劉弘兩口子就回到五丈桑安了家。五丈桑就在大樹樓桑。

劉弘夫婦回到大樹樓桑，寄居在一個武職官員人家的碾麥場上的土屋裡。劉弘的妻子有了身孕，眼看就要生了。有一天晚上，涿縣知縣下鄉私訪路過這裡，看見土屋裡有燈光，便走向前去察看。正好，土屋的主人晚間習武也來到了碾麥場上。倆人正待要說話時，便聽到土屋裡傳出一陣嬰兒有力的哭聲，一個孩子降生了。這個孩子就是劉備。

涿縣知縣和那位武官聽到嬰兒的哭聲，大大吃了一驚，這孩子出世真是不同一般，有文武官員給他把門，將來必定是大福大貴！

劉弘給兒子取了個乳名，叫興哥，希望在兒子這一代能夠興旺發達。

在大樹樓桑村裡的五丈桑下，傳說發生過這樣一個故事：有一年麥收時節，劉備的母親將幼小的劉備放在五丈桑下，自己去地裡拾麥子。待她拾了多時，裝滿了一筐子，突然想起孩子會不會被太陽曬著，便慌忙趕回來照看。她到了五丈桑下，只見太陽照在五丈桑上，一動也不動，桑樹的濃蔭蓋著劉備。原來是太陽怕曬著劉備，才靜止在天上不移動。而且，五丈桑下還臥著一隻母老虎，正在給劉備餵奶。母老虎很通人性，見劉備母親回來了，便站起來走了；那靜止在天上的太陽，也才又飄落向西方。

文武官員把門、太陽關照、老虎餵養，民間傳說把未來的蜀漢皇帝劉備的出生、童年構想在一種神祕的氣氛中。但是，劉備的童年其實並不幸福。因為，在劉備出世後不久，他父親劉弘就死了，家境更為困難。他和母親相依為命，艱難度日。但是，劉備從小就有一種不同於一般孩子的氣質。

《三國志》卷三十二《蜀書・先主傳》：

先主少孤，與母販履織席為業。舍東南角籬上有桑樹生高五丈餘，遙望見童童如小車蓋，往來者皆怪此樹非凡，或謂當出貴人。先主少時，與宗中諸小兒於樹下戲，言：「吾必當乘此羽葆蓋車。」叔父子敬曰：「汝勿妄語，滅吾門也！」年十五，母使行學，與同宗劉德然、遼西公孫瓚俱事故九江太守同郡盧植。德然父元起常資給先主，與德然等。元起妻曰：「各自一家，何能常爾邪！」起曰：「吾宗中有此兒，非常人也。」而瓚深與先主相友。瓚年長，先主以兄事之。先主不甚樂讀書，喜狗馬、音樂、美衣服……善下人，喜怒不形於色。好交結豪俠，年少爭附之。

劉備靠同宗人劉元起的接濟才能讀書，卻又不喜歡讀書，喜聲色犬馬，好結交豪俠，他一時成了青少年的領袖。

張飛是劉備的同鄉，也是涿郡人。

張飛的出生地原名桃莊，現在名為忠義店，涿州民眾又習慣稱之為張飛店。它位於涿州城的西邊，距大樹樓桑約三公里。

張飛，字益德（或翼德）。《三國志・張飛傳》對他的家世略而不敘。世間一直傳說張飛是屠戶出身，這也事出有因，張飛自己做過這樣的表白：世居涿郡，頗有莊田，賣酒屠豬，專好結交天下傑。

張飛的這段自白出自《三國演義》第一回，不是正史，但與民間傳說相吻合。涿州民間傳說說張飛的父親張老漢家裡有一些田地，屋後有一片桃園。除了種田之外，張飛還投師並早晚練習武功，經過名師指點，竟然武藝高強，力大無窮，有萬夫不當之勇。加上張飛這人性情豪爽，喜好交遊，在涿郡地面上也稱得上是一條好漢。

桃園三結義

在張飛故里，有一眼井，名為「張飛古井」。古井在一個高約三公尺的檯子上，四周有磚砌的圍牆，有臺階可以走河北省涿州市忠義店張飛古井上去。檯子上面是正方形，約有十五平方公尺大小。而且下邊已被雜物填塞，舀不到井水。井上有一個約〇點五公尺高石鑿的圓形井臺，一周都有花紋飾物。井口還有一道道被繩索磨下的深深的痕跡。檯子的右側矗立著一通清康熙三十九年（一七〇〇）鐫立的石碑。上有清代佟國翼撰寫的《漢張桓侯古井碑記》，文中寫道：

關公義殺七貴，亡走范陽，過是井，聞而揭石取肉……與（張飛）角力。適昭烈帝（劉備）見而壯之，遂有兄弟之盟，旋定君臣之分。

當地民間傳說：張飛每天賣肉，如果肉賣不完，他就把肉吊在井裡保存，上邊用一塊千斤重石壓蓋。張飛還在石頭上寫了一行字：「單手舉此石，豬肉你白吃！」在張飛眼裡，那千斤重的大石頭是沒有人能夠單手舉起來的，想白吃他的豬肉，那是妄想！

正是張飛寫的這一行字，導引了他與關羽的一番爭鬥，劉備也摻和進來，三個人得以結識、訂交。

關羽在各地浪跡多年以後，來到了涿郡地界。這一天，他推了一車綠豆要到涿郡城裡去賣。路過桃莊張飛家門口時，他看到了井口壓的那塊石頭上的字。關羽正是年輕氣盛時，也好鬥要強，便走到井邊，伸出右手，用力一抓，就把那塊千斤重石抓了起來，扔到了一邊。隨後，他從井裡吊起一扇豬肉，放到小車上，推著就去了涿郡城。

關羽從井裡取肉時，張飛外出不在家。待他回來聽說有個紅臉大漢舉石取肉的事以後，心裡便是一驚，想不到天下會有這麼大力氣的人，能單手舉起千斤重石。他想會一會這個人。於是，他就拔腿出村，也趕往涿郡城。

關羽推著小車進了涿郡城，就去了水門溝。在東漢末期，水門溝是涿郡城裡一個繁華的糧食市場，每天都有很多商販到這裡來進行糧食交易。水門溝現在叫小益街，它還有個名字叫三義胡同。

關羽到水門溝以後，就把自家要賣的綠豆擺出來等買主，又把從張飛井裡取來的那一扇豬肉也放在一邊。

張飛隨著也來到了水門溝，並且一眼就看見了自家那一扇豬肉。再打量那賣綠豆的漢子，高大魁偉，肩寬體壯，長鬚飄然，便知道不是個好說話的人。張飛想上前去討回豬肉，又自覺沒道理；不要吧，又咽不下這口氣。他皺著眉頭想了一會兒，便走向關羽，要找個茬鬧點事。

張飛走到關羽的綠豆攤前，伸出一隻手，從口袋裡抓出一把綠豆，使勁在手心裡一碾，把綠豆就成了碎粒。然後，又抓起一把綠豆，又碾成了碎粒。張飛一連碾碎了好幾把綠豆，把關羽的綠豆就糟蹋得不成樣子了。他又不說買的話。關羽心裡就上火。兩人一搭話，說話就不對盤，先是唇槍舌劍，爭吵不休；接著就你推我擠，動起手腳，打鬥起來。他們倆從水門溝東口打到西口，又從西口打到東口，鬥了好幾個來回，誰也沒有占到便宜。水門溝那些小商販都沒心思做生意了，圍著兩人看熱鬧。因為兩人打鬥得兇狠，誰也不敢上前去勸解、拉架。

這一天，劉備也推了輛小車兒到涿郡城裡來賣草鞋。聽到這裡吵吵嚷嚷，打打鬧鬧，便也趕過來看熱鬧。劉備把自家的草鞋放在水門溝街當中，張飛和關羽就打過來了。兩人各抓起一個車把，一使勁就把劉備的小車劈成了兩半兒，各拿一半就又打鬥起來。兩人打鬥得雖說厲害，就是誰也傷不著誰。

劉備站在旁邊看他們打鬥了一陣，看出兩人的武藝甚是了得，便喜在心頭，有愛慕之意。他有心結交這兩位好漢，便用手分開圍觀的群眾，走到街當心，站到正在打鬥的張飛和關羽中間，輕輕一揮手，兩人就被擋到了兩邊，再也打鬥不到一處了。人們說：張飛和關羽武藝高強，力氣大，是兩員虎將；可是，劉備是條龍，本事比他倆大，所以一揮手就能制服他們。這就是：水門溝一龍分二虎。

不打不相識。張飛和關羽打鬥，劉備插了一手，三個人就相識了。劉備就邀請他們倆去街旁的一個小酒店喝酒，邊喝邊談，越談越對勁，三個人意氣相投，就商量著要結拜為異姓兄弟。正好，小酒店後邊有一個桃園，正值桃花盛開的時節，劉備、關羽和張飛就在桃園裡焚香叩頭，結為異姓兄弟。據說，關羽本來年歲大於劉備，但是劉備是有德之人，又是漢宗室，按照「拜德不拜長」的道理，劉備就成了兄長，居老大哥地位，關羽就成了二弟，張飛居老三。這就是廣為流傳的「桃園三結義」的故事。羅貫中在《三國演義》第一回裡將這個故事加以演繹，說他們三人在張飛莊裡的桃園裡舉行了正式的結拜儀式，並有一段感人肺腑的誓詞：

念劉備、關羽、張飛，雖然異姓，既結為兄弟，則同心協力，救困扶危；上報國家，下安黎庶。不求同年同月同日生，只願同年同月同日死。皇天后土，實鑒此心，背義忘恩，天人共戮！

劉備、關羽和張飛結拜時的「桃園」是張飛莊裡的桃園，還是水門溝裡的桃園，時過境遷，無從確定。而涿州群眾更認可水門溝的桃園。

涿州民間傳說將劉備、關羽和張飛的結識放在「水門溝一龍分二虎」中，較之羅貫中在《三國演義》裡說他們是在招兵榜文前認識的，更富有浪漫、傳奇色彩。

清代文學家梁章鉅在《歸田瑣記．三國演義》中，採用了涿州民間傳說：

(關羽)東行至涿州，張翼德在州賣肉，其賣止於午，午後即將所存肉懸下井中，舉五百斤大石掩其上，曰：「能舉此石者與之肉。」公適至，舉石輕如彈丸，攜肉而行。張追及，與之角力相敵，莫能解。而劉玄德賣草履亦至，從而禦止，三人共談，意氣相投，遂結桃園之盟云云。語多荒誕不經，殆《演義》所由出歟。

劉備、關羽、張飛的結識、訂交，對於三個人來說，都是至關緊要的，可以說是決定了他們生死與共的命運。

《三國志》卷三十六《蜀書．關羽傳》：

先主於鄉里合徒眾，而羽與張飛為之禦侮。先主為平原相，以羽、飛為別部司馬，分統部曲。先主與二人寢則同床，恩若兄弟。而稠人廣坐，侍立終日，隨先主周旋，不避艱險。

在正史裡沒有劉備、關羽和張飛桃園三結義的記載，僅在《三國志》卷三十六《蜀書．關羽傳》裡提到「先主與二人寢則同床，恩若兄弟」。在《三國志集解．先主傳．下》中，作者引梁章鉅說：「世俗桃園結義之事，即本此語。」意思是說，社會上流傳桃園三結義的故事，是從《三國志》卷三十六《蜀書．關羽傳》裡的這一句話演繹而來，並非是事實。梁章鉅對桃園三結義是持懷疑、否定態度的。他在《歸田瑣記．三國演義》中就曾說：「三人共談，意氣相投，遂結桃園之盟……殆《演義》所由出歟？」

那麼，劉備、關羽、張飛桃園聚會，結為異姓兄弟，是子虛烏有，純屬演義，還是確有其事呢？對此，筆者認為只能具體地進行分析，以做出合乎邏輯的結論。

首先，「恩若兄弟」不是一般意義上如同兄弟般的情誼，它有著更深層的含義。這從關羽降曹在許都時，回答張遼的詢問也可得到證實：

羽嘆曰：「吾極知曹公待我厚，然吾受劉將軍厚恩，誓以共死，不可背之。吾終不留。吾要當立效以報曹公乃去。（《三國志》卷三十六《蜀書．關羽傳》）

當時，曹操很看重關羽，表封他為漢壽亭侯，拜他為偏將軍，又重加恩賞，遠比他在此之前追隨劉備時所得到的名、利為厚。對此，關羽心裡很清楚。但是，他並沒有動搖追隨劉備的意念，這不能簡單地以關羽講義氣來解釋。義氣只是一種表像，實質是關羽與劉備已經建立了超乎「主從」意義的更為親密的關係。筆者在此強調「主從」而不說「君臣」，是因為在這個時期，劉備尚沒有形成自己獨立的勢力，佔據一定地盤，而仍然寄人籬下。在當時天下人士擇主而從、反覆無常的情況下，關羽仍念念不忘劉備，沒有極為親密的關係，是不可理解的。這種親密關係就是因為他們結成了異姓兄弟。而另一方面，當關羽被東吳殺害之後，劉備十分惱怒，決定親自舉兵伐吳，為關羽報仇：

先主忿孫權之襲關羽，將東征，秋七月，遂帥諸軍伐吳。孫權遣書請和，先主盛怒不許。（《三國志》卷三十二《蜀書．先主傳》）

在劉備決定東征孫權時，諸葛亮、趙雲等一般大臣、戰將都勸他不要向東吳用兵，他不聽；秦宓「陳天時必無其利」加以勸阻，惹得劉備發火，將他抓起來關進監獄。（《華陽國志》卷六）孫權派人送書來求和，他也拒絕不許。這時，劉備已是蜀國皇帝。一國的皇帝竟然因麾下的一個大將被害而要親自帶兵為他報仇，從一般的君臣關係說，在歷史上是十分少見的。劉備之所以如此固執己見，也說明，他和關羽的關係非同一般，是在「君臣」之外，更有親如骨肉的異姓兄弟關係，誓以共生死的。這種關係經受了歷史的考驗。推論當初，他們三人曾有過誓約，是可信的。

其次，從劉備、關羽、張飛三個人的實際情況看，雖然性格迥異，而且，劉備是漢朝宗室，但是，他家道中落，和關羽、張飛在青少年時代都生活在社會底層，屬於「市井細民」之流。這種共同的、類似的生活經歷，必然使他們經受過在這種生活中流行的「俠義」精神的薰染。劉備又「好結交豪俠」，所以，他們結為異姓兄弟，有共同的思想基礎，有現實的可能。

因此，筆者認為，劉備、關羽、張飛的「桃園三結義」不是後人虛構的，是他們曾經有過的事實。

清人盧湛在編撰《關聖帝君聖跡圖志全集》時，其中有一幅圖為「桃園義聚」，並有文字解釋。盧湛照原圖原文錄抄，因此，據說獲罪於關帝，並降乩（神靈降示）讓他刪去不實之詞。盧湛在《關聖帝君聖跡圖志全集》卷之一中是這樣寫的：

> 四明孫百齡（按：孫百齡是盧湛同時期人，參與考訂《關聖帝君聖跡圖志》一書）原本記云：「分雖主臣，而恩若兄弟。」又云：「恩若兄弟，非結兄弟也。」湛未及尋思，難免疏忽之咎。即考訂諸前輩並未及詳究，隨意書之，是以獲罪。聖帝則有癸酉（康熙三十二年，一六九三）七夕降乩之批示。今遵帝批，將數語刪去，續志於後，以俟古今瞻仰。聖帝批云：「大地江山蒸雨氣，九州歲月熟春秋。淮黃交會波濤急，都是忠魂痛不休。湛子（指盧湛）心志堅久，誠為難得。但吾志中，汝竟未細心體認，執偏見不經之語，據以為實，吾心甚為不安。即如桃園義聚一幅，內曰：恩若兄弟，分雖主臣，此言可恨。況當初吾與兄長、三弟，俱在一介寒微。只因張角倡亂，吾等為生民起見，又為漢室衰微，一腔忠義，思欲救生民於水火，尊漢室奠安。適逢三人志氣相符，故結為兄弟。此時，有何主臣之可分？若分為主臣，則吾三人為悖逆之流耳。又言：非結兄弟也，此言可斬。汝宜速改。且吾與兄長、三弟，以及武侯、子龍等義氣投合，雖分身各體，而心志皆同。志中皆當作文以列諸首，而吾心方安。至黃希聲之名與文，俱宜削去。除陳壽傳外，皆可載入也。」批畢而退。凡在壇諸梓工等，初聞異香滿室，繼觀批示，無不驚駭。

盧湛的這段記敘，實在是一個「無懈」可擊的神話故事：關羽認為盧湛編輯的志書中「分雖主臣，而恩若兄弟」和「恩若兄弟，非結兄弟也」等詞句不實，便「降乩」給他，要他刪正，並告訴他，自己與劉備、張飛是結義兄弟，等等。這個故事實在離奇，當然不可信。但是，盧湛為什麼要虛構這麼一個故事呢？極可能是給「劉、關、張是結義兄弟」製造一個口實。既然正史沒有記載，傳說不足為信，那就借關羽的神靈來證實。盧湛的心態，如此而已。筆者將盧湛編造的這個故事引用於此，僅作為「桃園三結義」中的一個小小插曲，亦可看出關羽被神化的影響。

拜把、兄弟結義是長期存在於中華文化的一種社會生活現象，屬於結社性質。一般地來認識，少數人之間以這種形式來建立他們之間的關係，是無可厚非的。至於不同人群之間的結合，形成一種良好的友誼集團，做出一些有益於他們自己或社會的事情，或者形成一種各懷鬼胎、互為利用的偽善集團，幹了許多既損傷他們自己、又危害社會的罪惡勾當，那是不能僅從結義這種形式上來議其是非的，應該具體地去分析。

劉備、關羽、張飛透過「桃園三結義」，確立了他們共同的意願，建立了親密的關係，使他們從此以後，在動亂的東漢末期的戰爭生活中，共同走在了一條艱難的道路上，去從事他們的革命事業。

鎮壓黃巾軍

東漢末年，由於外戚、宦官和官僚集團爭權奪利，互相殘殺，政治腐敗達到了極點。統治集團和地方豪強勢力，又極力對農民橫徵暴斂，壓榨掠奪，使得大量農民破產逃亡，流離失所，生活於水深火熱之中，階級矛盾更加尖銳。在許多次的農民起義被鎮壓下去之後，農民反抗東漢王朝的鬥爭並沒有因此而終止，而是繼續醞釀著更大的反抗活動。

漢靈帝時，道教的一支——太平道，在農民中廣泛傳布，祕密進行組織活動。太平道首領，鉅鹿（今河北省平鄉縣西南平鄉鎮）人張角號稱「大賢良師」，為徒眾畫符治病，並派遣弟子四處傳道，得到了農民的信任，十餘年間，道徒發展到數十萬人，遍佈青、徐、幽、冀、荊、揚、兗、豫八州。他提出「蒼天（指東漢地主政權）已死，黃天（指農民階級政權）當立，歲在甲子（一八四），天下大吉」的口號，對徒眾進行鼓動宣傳、號召發動，並在京城及州郡官府到處用白土書寫「甲子」二字，昭示要在甲子年舉行起義。

張角的組織發動民眾起義是比較成功的，而且在京師得到一些宦官的支援，約為內應。他們原定在甲子年三月五日舉義。但是，由於叛徒唐周的告密，統治集團迅速採取行動，捕殺道徒。張角便傳令各地，提前舉行起義。張角領導的太平道徒眾以黃巾裹頭，在七州二十八郡同時舉行武裝起義，爆發了中國歷史上第一次組織較嚴密、準備較充分的農民戰爭，這就是著名的黃巾軍起義。

聲勢浩大的黃巾軍起義，造成「天下回應，京師震動」的態勢，既直接對東漢政權形成威脅，又觸動了各地豪強地主的利益，使他們面臨滅頂之災。因此，統治集團及地主階級十分惶恐。為了對付黃巾軍，他們便調整其內部矛盾，調動各方面的武裝力量，對黃巾軍發動進攻。在東漢政權派出的皇甫嵩、盧植、朱俊率領的官軍和各地豪強地方武裝的聯合鎮壓下，黃巾軍經過九個月的戰爭，終歸失敗。

在黃巾軍起義的這個社會大動亂的關頭，各地豪強勢力趁機而起，組織隊伍，打起旗號，投入屠殺黃巾起義軍的行列。曹操、孫堅、董卓等就是在鎮壓黃巾軍起義中發跡的。劉備當時雖然還是一介草民，但是，也糾合一些人加入了鎮壓黃巾軍的行列。

《三國志》卷三十二《蜀書．先主傳》記載：

靈帝末，黃巾起，州郡各舉義兵。先主率其屬從校尉鄒靖討黃巾賊有功，除安喜尉。

劉備是一個有抱負的人，儘管他青少年時期家境貧寒，生活窮困，但是，他總盼望著時來運轉之時。黃巾起義，各種地方勢力趁機而起之際，劉備也看到了這是一個機遇，他也召集了一些人，追隨校尉鄒靖討伐黃巾軍。劉備因為屠殺黃巾軍有功，被授任為安喜（今河北省定州市東）尉。

劉備、關羽、張飛從參與鎮壓黃巾軍開始，逐步建立了自己系統的軍隊，南征北戰，而終於稱雄一方。

身困在曹營

腐朽的東漢政權已走向末路，因此，它雖然鎮壓了黃巾起義，保住了它的統治，但是，這場聲勢浩大的農民起義沉重地打擊了這個政權，動搖了它的基礎。在鎮壓黃巾軍中冒出來的一些野心家、諸侯，從此展開了一場長期的、頻繁的政治和軍事紛爭，戰亂不已。東漢王室的皇帝已經徒有其名。中央統治實權不斷更易。後來，被稱為「亂世之奸雄」而實際是有雄才大略的曹操，把逃亡在外多年的漢獻帝迎到許都，以東漢這個末代皇帝為招牌，形成了「挾天子以令諸侯」的政治優勢，又憑藉他不斷發展的軍事力量，稱雄中原。

劉備在參與征討黃巾軍時僅有一小股軍事力量。後來，他當安喜尉、下密丞、平原令、豫州刺史、徐州牧時，擁有的兵力不過千餘人，後來充實到數千人，最多時達到萬餘人。劉備在各路擁軍自重的軍閥中力量是比較薄弱的。當他剛立足徐州時，又先後遭到袁術、呂布的攻擊。劉備兵敗後便投靠了曹操。但是，劉備儘管當時還很不得意，在勢力強大的眾軍閥中遊弋，卻被曹操視為可以與他並立於世的「英雄」，爭衡天下的「人傑」。曹操在認識劉備這一點上，是準確的。劉備是潛伏的蛟龍，是一代梟雄。他在等待機會。對曹操這個已經大權在握的人，劉備也想除掉他。劉備在許都參與了車騎將軍董承奉漢獻帝密詔謀誅曹操的計畫。這時，發生了袁術在壽春稱帝的事件。袁術是個野心很大、卻沒有什麼本事的人。他稱帝後不久，由於奢淫極欲，弄得資財空盡，人心渙散。袁術在壽春的日子很不好過，便想經過徐州去河北投奔他的從兄袁紹。曹操得知了這個消息，便派遣劉備和大將朱靈去徐州邀擊袁術。袁術不得過徐州，退兵到江亭時，嘔血而死。大將朱靈回了許都，劉備卻留在徐州。他殺死了徐州刺史車胄，帶領張飛屯兵小沛，讓關羽駐守下邳城，兼行太守事。小沛與下邳成掎角之勢。附近郡縣都背叛曹操，依附劉備。一時間，劉備又聚眾數萬人，聲勢大振。

徐州位於江蘇、河南、山東、安徽四省交界處，北扼齊魯，南屏江淮，東臨黃海，西接中原，自古有「五省通衢」之稱。它又是軍事重鎮，歷來為兵家必爭之地。

在許都，董承謀殺曹操的計畫敗露，他和同黨長水校尉种輯、將軍吳子蘭等都被曹操處死。而參與其謀漏網的劉備，卻佔據軍事重鎮徐州，聚眾數萬，勃然興起，使曹操很不放心，認為是心腹之患，要趁劉備立足未穩時，進行征討，以消除這個敵手。他先派遣了將軍劉岱和王忠去攻擊劉備，結果兵敗而歸。曹操這才決定親自統兵去東征劉備，時在漢獻帝建安五年（二〇〇）。

曹操這次征討劉備很順利。他首先攻破了劉備和張飛據守的小沛。劉備兵敗後逃往河北去依附袁紹，張飛也落難於山野間，曹操俘獲了劉備的兩位夫人。接著，曹操便引兵包圍了下邳城。

下邳城在徐州市東。下邳古城現在已經不存在，它是在清康熙七年（一六六八）山東郯城發生大地震時受到波及，致使全城沉陷覆沒的。關羽統兵據守時，下邳城池堅固，而且，環城一周有護城河，憑藉這種易守難攻的形勢，關羽本可以固守城池與曹操進行對抗、周旋，但是，老謀深算的曹操用計辱罵關羽，引誘他出城交兵。關羽中計，舉兵出城交戰時，曹操便趁機攻進下邳城。關羽前後受敵，只得退兵據守在下邳城北的一座土山上。那座土山實際上稱不得是山，只是一個高土嶺。不過，居高臨下，可以遙瞰下邳城。土山位於現今江蘇省邳州市土山鎮。

關羽在土山被曹軍團團圍困的形勢下，他的山西同鄉張遼奉曹操之命出面勸降。關羽當即寫信給張遼，予以拒絕。信中說：

魯仲連，東海之匹夫耳，為齊下士，然且恥不帝秦。職為通侯，列漢元宰，獨可使負漢耶？子且休矣！

（《關聖帝君聖跡圖志全集》卷之二《帝與張遼書》）

關羽在這封信裡，表現出大義凜然的氣勢，但是，他後來還是投降了。據說，這是經過張遼的勸說，關羽約以三事。《三國演義》說關羽約定的三事是：

一者，吾與皇叔設誓，共扶漢室，吾今只降漢帝，不降曹操；二者，二嫂處請給皇叔俸祿養贍，一應上下人等，皆不許到門；三者，但知劉皇叔去向，不管千里萬里，便告辭去；三者缺一，斷不肯降。

（《三國演義》第二十五回）

關羽與張遼的一封信以及他約定的三件事，在正史的關羽、曹操、張遼傳裡都沒有記載。因此，後人多有質疑，認為不可信，是子虛烏有的事。也有人以三事中的「降漢不降曹」「知劉皇叔去向，不管千里萬里，便告辭去」大做文章，頌揚關羽是「義貫千古」的英雄。

按關羽的性格，他的投降是不可思議的事。而按關羽當時的處境與關羽所約之三事來論，他的投降是完全可以理解的。

就關羽兵困降曹這件事本身來說，筆者認為無須乎大驚小怪，對關羽進行責備。當是時，各路群雄競起，天下豪傑各擇其主。關羽追隨了劉備，而劉備羽毛未豐，尚在各路強大的軍閥勢力夾縫中遊弋，求生存，圖發展。他也曾隨曹操，附袁紹，依劉表，沒有成為獨立的勢力。他與關羽在此時僅是異姓兄弟和「主從」關係，而不是「君臣」。劉備本人尚且如此，作為他的一個追隨者的關羽兵敗被擒而投降，有什麼好奇怪的？與他同時代的大將因兵敗投降的事例很多，而且，朝秦暮楚、頻繁改換門庭的也大有人在。如果關羽投降曹操後，便像有些人如張遼那樣，死心塌地追隨曹操，為他效命，那麼，歷史學家自然會對他做出另一番評論。而關羽卻是「身在曹營心在漢」，這便只得從另一個角度來認識他。

曹操擊敗劉備凱旋時，將關羽帶回許都。

許，在春秋時為一姜姓小國。秦始皇統一六國後，建制為許縣。東漢建安元年（一九六），曹操看準時機，將被迫逃亡在外、四處流落的漢獻帝接迎到許，建都，稱為許都。

關羽早前曾經跟隨劉備出入過許都。但那時，他只是劉備的結拜兄弟，身份也不過是隨從，所以，在許都沒有留下多少令人追尋的東西。只有一個許田射鹿故事廣為流傳。

許田射鹿的故事發生在許都東北約二十公里的陳曹鄉許田村。相傳，在東漢末年，許田這一帶森林茂密，水草豐盛，養育著許多野生動物。建安三年（一九八）的一天，漢獻帝劉協帶領一批親貴大臣兵將，來到許田射獵。曹操和劉備都隨駕在左右圍獵中，從叢林中跑出一隻梅花鹿，漢獻帝劉協一連射了三箭都沒有射中。他讓曹操去射，曹操就用劉協的皇弓金箭，只射了一發就擊中了梅花鹿。趕上前去的兵將看到梅花鹿身中皇帝使用的金鏃箭，以為是漢獻帝劉協射中的，頓時，歡呼雀躍，山呼萬歲。就在這時，曹操策馬向前，遮住漢獻帝，接受山呼。這是一種大逆不道的僭越行為，文武官員都大驚失色。漢獻帝劉協心裡雖然老大不高興，卻因曹操大權在握，無可奈何，只得咽下這口氣。當是時，關羽追隨在劉備身後，他十分惱怒，便欲拍馬揮劍，衝向前去欲殺曹操。劉備是個小心謹慎、極有遠謀的人，便暗中制止了關羽。

發生在許田射鹿的故事，一方面暴露了曹操位極人臣，朝政大權在握，極不把那個傀儡皇帝劉協放在眼裡，十分的驕橫；另一方面也顯示了關羽對漢王朝有著一腔忠心赤膽和不畏強暴的性格。要不是劉備及時制止，說不定當時會發生什麼樣的驟變。

許田射鹿的故事流傳十分廣泛，羅貫中寫進了他的巨著《三國演義》。在《蜀記》中也記敘了這個故事。事過多年之後，在江南夏口，關羽重提此事，還憤憤不平地埋怨當初劉備沒有讓自己殺死曹操，以致他尾大不掉，劉備也被他驅趕得四處流落。

可見，許田射鹿的故事，不會是人們虛構的故事，極可能是歷史上曾經發生過的真實一幕的演化。

曹操從徐州戰場將關羽帶回許都後，是十分厚待他的。一方面給他以名，拜他為偏將軍；另一方面給他以利，賞賜很多財物，民間傳說是「上馬金，下馬銀」「三日一小宴，五日一大宴」，甚至把從呂布手中得到的千里寶駒赤兔馬也送給他。曹操的這些動作，是一種愛才心理的表露，也是功利思想的驅使。他知道關羽是個難得的將才，如能使關羽為自己效力，那是再好不過的。曹操也知道關羽和劉備關係非同一般，曹操正是想以這種名和利的思想，動搖關羽的心，瓦解他與劉備親密的關係，使其永遠奔走於自己的鞍前馬後。

曹操在許都還給關羽分配了一所府第，讓他與劉備二位夫人居住。民間傳說：這是曹操心術不正，想使他們叔嫂同居一院發生些男女醜事，從而達到離間關羽和劉備關係的目的。但是，關羽很精明，看穿了曹操的險惡用心，便將一宅分為兩院，讓二位皇嫂住在後院，自己則住在前院。叔嫂分居，男女有別，以避嫌疑，使曹操的叵測用心不能得逞。

關羽在許都的故宅裡有一座樓，是元代中葉時在關羽秉燭夜讀《春秋》的遺址上建立的，叫春秋樓。現在，在河南省許昌市南大街一條小巷的關羽故宅裡，僅遺留下春秋樓，其他房屋已毀。

關羽身困曹營期間，曹操諸般努力，企圖使他忘卻劉備，歸順自己，但都沒有成功。關羽始終念念不忘他的結拜兄長劉備。清人甄汝舟在一首詩裡，對關羽的行為大加讚賞：

秉燭中宵暫避嫌，宅分兩院亦從權。
依曹已久仍歸漢，留得英風在潁川。

關羽在許都曹營短暫羈留之後，得到一個機會，便辭別曹操，又去追隨他的結義兄長劉備。而在許都的羈留，卻使關羽贏得了「身在曹營心在漢」的傳世美名。這大概是關羽在下邳兵敗困守土山，被迫無奈放下武器時所未料及的。

千里走單騎

關羽在許都的短暫羈留是形勢逼迫的。他無時無刻不在思念劉備，想得到他的消息，然後再去投奔他。關羽是在建安五年（二〇〇）正月到許都的。這年四月，便遇到了機會。袁紹與曹操間發生了白馬（今河南省滑縣舊城東）之戰。袁紹派遣手下大將顏良攻擊東郡太守劉延於白馬。白馬在許都北。白馬如果失守，將危及許都的安全。因此，曹操便親自督兵援助劉延，關羽與張遼為進兵白馬的先鋒。

《三國志》卷三十六《蜀書．關羽傳》：

> 紹（袁紹）遣大將顏良攻東郡太守劉延於白馬，曹公使張遼及羽為先鋒擊之。羽望見良麾蓋，策馬刺良於萬眾之中，斬其首還。紹諸將莫能當者，遂解白馬圍。

在白馬之戰前，關羽已經在沙場上馳騁多年，身經百戰，雖有戰功，但是，都沒有具體生動的記載以顯示他的神威。羅貫中在《三國演義》中雖然很精彩地描寫了關羽「溫酒斬華雄」的故事，但是，那只是藝術的虛構、小說的演繹，而不是歷史的事實，因為華雄並不是關羽殺死的，而是被東吳的孫策所殺。因此，關羽被曹操差遣為先鋒，關羽策馬刺殺袁紹大將於萬眾之中，是第一次顯示他的膽略和神勇的歷史文字記載，給人的印象是很深的。由於關羽解白馬之圍有功，曹操便表封關羽為漢壽亭侯。漢壽是地名，當是指湖南漢壽縣，亭侯是爵位。東漢對有功官員的封爵有縣、鄉、亭侯。關羽雖然得到的是漢壽亭侯，是封爵中之低者，但是，這也是很高的榮譽。無疑，這也是曹操利用關羽建立戰功進一步對他的籠絡，要安他的心。但是，由於關羽在白馬之戰時已得知劉備在袁紹軍中，便決意要辭別曹操，離開許都去投奔劉備。《三國志》卷三十六《蜀書．關羽傳》：

> 初，曹公壯羽為人，而察其心神無久留之意，謂張遼曰：「卿試以情問之。」既而遼以問羽，羽嘆曰：「吾極知曹公待我厚，然吾受劉將軍厚恩，誓以共死，不可背之。吾終不留，吾要當立效以報曹公乃去。」遼以羽言報曹公，曹公義之。及羽殺顏良，曹公知其必去，重加賞賜。羽盡封其所賜，拜書告辭，而奔先主於袁軍。左右欲追之，曹公曰：「彼各為其主，

勿追也。」

關羽既有去心，據《三國演義》說，他曾數次去相府辭曹操，而曹操已知他的心意，掛出回避牌，不見他；而他的山西同鄉張遼也避而不見。於是，關羽便寫了《謝操書》。《三國志》說他「拜書告辭」。《三國演義》還節錄了他的書信內容。此外，在關羽的志書裡還有刊行的兩封致曹操信，這兩封信與《三國演義》裡的信意思相同，只是措辭有一定差異。

第一封信是《歸先主謝操書》：

羽聞主憂則臣辱，主辱則臣死。曩所以不死者，欲得故主之音問耳。今故主已在河北，此心飛越，神已先馳。惟明公幸少矜之。千里追尋，當不計利害，謀生死也。子女帛之貺（賜），勒之寸丹。他日幸以旗鼓相當，退君三舍，意亦如重耳之報秦穆乎！羽謝。

（《關聖帝君聖跡圖志全集》卷之二）

第二封信是《又致操書》：

竊以日在天之上，心在人之內。日在天之上，普照萬方；心在人之內，以表丹誠。丹誠者，信義也。羽昔受降之日，有言曰：「主亡則死（死又作輔），主存則歸。新受曹公之寵顧，久蒙劉主之恩光。丞相新恩，劉公舊義；恩有所報，義無所斷。今主之耗，羽已知，望形立相，覓跡求功，刺顏良於白馬，誅文醜於南陂，丞相之恩，滿有所報。每留所賜之物，盡在府庫封緘。伏望台慈，俯垂鑒照。

（《關聖帝君聖跡圖志全集》卷之二）

這第二封信裡所說「誅文醜於南陂」，是不符合歷史事實的。據記載說：關羽在誅殺顏良解白馬之圍後，曹操與袁紹間的戰爭繼續進行，曹操駐兵於南陂下：

紹騎將文醜與劉備將五六千騎前後至。諸將復白：「可上馬。」公曰：「未也。」有頃，騎至稍多，或分趣輜重。公曰：「可矣。」乃皆上馬。時騎不滿六百，遂縱兵擊，大破之，斬醜。

（《三國志》卷一《魏書．武帝紀》）

這裡只說「斬醜」，至於具體說文醜死於誰的刀下，當時衝鋒陷陣的有張遼、徐晃、關羽等人，在他們的本傳中都沒有提到此事。只是在《三國演義》第二十六回裡才說是被關羽殺的：

文醜沿河趕來。忽見十餘騎馬，旗號翩翻，一將當頭提刀飛馬而來，乃關雲長也，大喝：「賊將休走！」與文醜交馬，戰不三合，文醜心怯，撥馬繞河而走。關公馬快，趕上文醜，腦後一刀，將文醜斬下馬來。

《三國演義》裡的這段描寫，是不足為歷史根據的。為什麼在《又致操書》中出現這種事實？是關羽述實，還是後人偽託，就很難說清了。

對這兩封信，世人有讚賞的，也有提出懷疑的。不相信是關羽寫的理由是：「『主亡則輔，主存則歸』二語，不似當日口吻」；「其辭鄙俚，絕非漢文氣習」，等等。（《解梁關帝志》卷之二）

不過，按常理說，關羽辭別曹操時，想當面拜辭而未能得見，留下書信，聊表心意，是情理之中的事。如果不告而別，反而使人覺得不可理解。因此，《三國志》記載關羽「拜書告辭」是可信的。至於說這兩封信是否是關羽書寫的信，那就很難說了。從信的內容看，可以說是表達了關羽的心境。個別詞如「誅文醜於南陂」，很可能是後人附加上去的。

從關羽辭別曹操，投奔劉備這一行為本身來說，關羽是冒著生命危險的，只要曹操稍有游移，關羽便難出許都，甚至會人頭落地，所以，關羽的行為有著很深刻的道德意義。首先，充分表現了關羽重「諾」講「義」的特質。「丈夫一諾值千金」，是他從青少年時期養成的性格特點的一種體現。其次，也表現了關羽富貴不能淫、威武不能屈、貧賤不能移的高尚道德情操。他不為曹操的權勢所屈服，沒有被曹操的封官厚賜所誘動，也沒有因為劉備存亡未卜、窮愁破敗、流浪無所而動搖追隨劉備的信念，矢志不移，忠貞不貳。第三，也充分表現了關羽行事光明磊落、來去明的豪邁氣魄。羈留許都，身在曹營期間，他並不掩飾自己仍然眷念劉備的心情，公開表示：「誓以共死，不可背之。」當得知劉備的消息之後，便「拜書告辭，而奔先主」，其行為始終一貫，表裡如一，坦蕩無隱。

另一方面，關羽的離開許都，儘管曹操心裡不情願，卻不加阻攔，說一聲：「彼各為其主，勿追也。」既表現了曹操想留住關羽，而終於留他不住，那就讓他去吧的無可奈何的心情，也表現了曹操的寬宏大度。對這一點，裴松之就很讚賞他：

臣松之以為，曹公知羽不留而心嘉其志，去不遣追以成其義，自非有王霸之度，孰能至於此乎？斯實曹公之休美。

（《三國志》卷三十六《蜀書．關羽傳》裴注）

將關羽大度放走，也是曹操一生中值得稱頌的、少有的對人寬容的行為。

民間傳說，關羽離開許都前去拜辭曹操，曹操避而不見。待關羽掛印封金、單騎橫刀、保護著二位皇嫂出了許都西門，去尋找劉備時，曹操情知留不住關羽，便帶了一幫親信趕出城來，為關羽送行。在許都城西的一座小橋上，曹操追上了關羽，做個順水人情，要送些金銀財寶和一件錦袍給關羽。由於關羽人單勢孤，生怕曹操趁機向他動手，所以，他駐馬橋頭，也不要那些金銀財寶，只用青龍偃月刀將錦袍挑了過去，轉身西去，開始了他重歸劉備的征程。

關羽挑袍辭操的橋，在清代出版的《許州志》裡名為「八里橋」，又名「灞陵橋」，坐落在許都西約五公里處。「八里」「灞陵」音韻相諧，極可能是關羽挑袍故事流傳過程中轉化而來的。

在灞陵橋西不遠處，有一座關帝廟，創建於南宋紹興十年（一一四〇）。據說是南宋抗金名將岳飛率兵在這裡用「關爺刀」大破金兵的拐子馬陣，殺死金兀術的女婿夏金吾，並生擒了他的副統帥。岳飛認為這是關羽的在天之靈對岳家軍的護佑，便在灞陵橋西設壇，建築了一座土祠，祭祀關羽，名為「昭烈忠惠關王爺祠」。元、明、清各代又加以擴修，規模便逐漸宏大，成為全國五大關帝廟之一。灞陵橋關帝廟的特點之一是：關曹並重。意思是說：在這座廟裡，不但祭祀關羽，曹操也受到相當的禮遇，而不是把他置於一個遭貶抑的地位。從歷史發展的實際來說，這是合乎情理的處理。

關羽千里走單騎，途中還發生了他過五關斬六將的故事。這些故事可以說是婦孺皆知，傳播極為深遠。羅貫中在《三國演義》第二十七回「美髯公千里走單騎，漢壽侯五關斬六將」做了精彩的描寫。關羽出了許都，一路向洛陽走來，先在東嶺關斬了孔秀；又在洛陽關殺了韓福、孟坦；隨後行至汜水關，又屠了守將卞喜；又在滎陽關腰砍了王植；到滑州黃河渡口劈了守將秦琪。待去到古城時，又因張飛的懷疑，在三通鼓聲未盡時，將追來索命的蔡陽的人頭削於馬下。這一路，關羽單騎走馬，仗劍舞刀，過關斬將，威風八面。

然而，儘管這些故事生動曲折，極為生動，卻不是歷史的事實。首先，當時袁紹屯兵於陽城，是在許都的北邊。關羽要去投奔在袁紹軍中的劉備，出許都北上才是正路。而他卻繞了個大彎，先西去洛陽，後又折回滎陽，北上汜水，再過黃河，又南下古城。走這條路是捨近求遠，不可思議。其次，關羽過五關斬六將的事在他本傳裡沒有任何記載，六名守關之將也均是無名之輩，在志書裡沒有出現過。唯有蔡陽確有其人，是曹操手下一名戰將，而他卻是被劉備殺死的。

曹操與袁紹在白馬之戰後，緊接著是官渡之戰。兩軍交兵，袁紹大敗。在此之前，關羽已重新歸於劉備。而劉備在袁紹軍中居留一段時間後，已看出袁紹志大才疏，不是能成氣候之人；況且，他們依附袁紹是不得已而為之，劉備也圖謀自己的發展。所以，他準備隨時離開袁紹。劉備藉口南去荊州聯結劉表共同對付曹操，便舉兵去了汝南（今屬河南省東南部及安徽省西北部邊界區域）。劉備這次去汝南是第二次，以前，他曾在那裡活動過，給曹操造成很大威脅。此次劉備再去汝南，曹操自然很不安心，便派了蔡陽去攻擊劉備，《三國志》卷三十二《蜀書．先主傳》：

紹遣先主將本兵復至汝南，與賊龔都等合，眾數千人。曹公遣蔡陽擊之，為先主所殺。

儘管當時關羽已重歸劉備，斬蔡陽卻與他沒有直接關係。所以說，關羽過五關斬六將的故事，僅是屬於小說的演繹，沒有歷史根據。

「掛印封金」「灞橋挑袍」「千里單騎」，關羽從羈困的曹營中出走的故事，廣泛地在民間流傳開來，而且，又成為戲曲舞臺上膾炙人口的保留節目。

第四章　馳騁沙場

漢獻帝建安五年（二〇〇），河北的袁紹與曹操交兵於官渡，結果是袁紹大敗。在官渡之戰前，投奔在袁紹帳前的劉備，勸袁紹南結荊州劉表，得到袁紹的同意，因此，他趁機帶兵南下，活動於汝南一帶。袁紹失敗後，曹操又派兵攻擊劉備，劉備的處境很不妙。他為了生存與發展，便派了孫乾、麋竺去荊州先見劉表。劉表很敬重劉備，但又對他心存疑懼，所以，雖然親自到郊外迎接他，待之為上賓，卻不讓他去荊州，而讓他屯兵新野。歷史的發展證明，正是屯兵新野，才使劉備得以積蓄力量，搜羅人才，逐步走上了發展壯大的道路。關羽追隨劉備，不離左右，他此後的輝煌時刻，也是從這裡開始的。

屯兵新野縣

漢獻帝建安六年（二〇一），劉備帶領關羽、張飛來到新野縣，他們在這裡一直駐紮到建安十二年（二〇七），有七年之久。

劉備在結識荊州牧劉表以後，曾建議劉表趁曹操出兵攻打烏丸之際，發兵進擊許都，劉表沒有採納他的意見。從這件事也可以看出，劉表也是沒有遠謀、缺乏雄心壯志之人。

劉備屯兵新野，結識了荊州許多豪傑、士人，他的聲名也得到進一步提高，具有相當的號召力。荊州牧劉表及其左右更為疑忌他，這其實是劉表不能用劉備的原因之一。在此期間，劉備的最大收穫，就是經徐庶、司馬徽的推薦、介紹，瞭解到隱居在窮鄉僻壤襄陽隆中的諸葛亮是曠世奇才，便屈尊三次去拜訪，並將諸葛亮請出山來。

諸葛亮字孔明，琅琊郡陽都縣（今山東省臨沂市）人。他在漢靈帝光和四年（一八一）出生於一個官僚地主家庭，父親諸葛珪曾當過泰山郡丞，叔父諸葛玄當過豫章（今江西省南昌市）太守。諸葛亮由於父母早逝，是由叔父諸葛玄撫養大的。諸葛玄後來丟了太守職務，便帶著諸葛亮兄弟到荊州投靠劉表。諸葛玄去世後，諸葛亮就在襄陽（今湖北省襄陽市）的隆中定居下來。諸葛亮這一時期的居住地，還有一種說法是在河南省南陽臥龍岡。「每晨夜從容，常抱膝長嘯。」諸葛亮似隱伏的臥龍，靜待天下之變。

諸葛亮雖居村野，「躬耕隴畝」，親自參加農作勞動，但是，他曾努力學習經史諸子百家著作，研究歷史上的政治鬥爭情況，並密切結合現實，觀察研究當時的政治鬥爭形勢，因此，對東漢末期各個豪強武裝集團的情況都有透徹的瞭解。他和當地的知識分子徐庶、石廣元、孟公威、黃承彥等交往密切，關係相當好。他們常常在一起縱論天下大事。諸葛亮自視很高，比擬於春秋戰國時期的齊國名相管仲、燕國名將樂毅，被時人譽為識時務的俊傑。他是很有政治抱負的知識分子。

漢獻帝建安十二年

（二〇七），當劉備親自帶著關羽、張飛三顧茅廬，終於見到諸葛亮，向他請教在群雄割據的形勢下，如何縱橫馳騁、稱雄天下的大計時，諸葛亮胸有成竹地為劉備勾畫了爭霸天下的藍圖：

今操已擁百萬之眾，挾天子而令諸侯，此誠不可與爭鋒。孫權據有江東，已歷三世，國險而民附，賢能為之用，此可以為援而不可圖也。荊州北據漢、沔，利盡南海，東連吳會，西通巴、蜀，此用武之國，而其主不能守，此殆天所以資將軍，將軍豈有意乎？益州險塞，沃野千里，天府之土，高祖因之以成帝業。劉璋暗弱，張魯在北，民殷國富而不知存恤，智能之士思得明君。將軍既帝室之胄，信義著於四海，總攬英雄，思賢若渴，若跨有荊、益，保其岩阻，西和諸戎，南撫夷越，外結好孫權，內修政理；天下有變，則命一上將將荊州之軍以向宛、洛，將軍身率益州之眾出於秦川，百姓孰敢不簞食壺漿以迎將軍者乎？誠如是，則霸業可成，漢室可興矣。

（《三國志》卷三十五《蜀書．諸葛亮傳》）

諸葛亮當時年僅二十七歲，相當的年輕。但是，他的這番議論高瞻遠矚，很有見地。說明這是他認真地觀察和研究了當時的政治、軍事、經濟形勢，深思熟慮後得出的認識。

諸葛亮為劉備策劃的基本戰略思想是：

(一)在曹操雄踞中原，孫權佔有江東的形勢下，應佔據荊州、益州作為立足之地；

(二)整頓內政，安撫西南少數民族，穩定後方，積聚力量；

(三)和東吳孫權集團修好，聯合起來，對付曹操集團；

(四)待時機成熟之後，分別從益州、荊州兩路出兵，北伐曹操，最終統一中國，恢復劉氏的漢室政權。

諸葛亮的這一戰略思想被史家稱之為《隆中對》或《草廬對》。他對當時形勢的認識分析的確不同一般，有超乎常人的膽實和才華，因此，得到了劉備的賞識。劉備極力請諸葛亮出山，並委以重任，諸葛亮便成為劉備的得力助手，重要的謀士。二人關係十分親密，猶如魚水。關羽和張飛都年長於諸葛亮約二十歲，而且跟劉備南征北戰多年，感到劉備這樣敬重年輕的諸葛亮，心裡都很有些不高興。在這一點上，也可看出關、張與劉備在識人和用人上的差距，他們沒有劉備有遠見。不過，待劉備解釋勸說之後，他們還是認同了劉備的選擇。

三國的爭鬥從某種意義上講是人才之爭，誰得到了天下英才，誰就能在鬥爭中取得優勢。勢力孤單的劉備得到諸葛亮這一傑出的人才，一個超乎一般的謀士，是他在殘酷的戰爭中能夠順利發展，終於形成曹、孫、劉三雄鼎立局面的重要因素之一。

劉備三顧茅廬的歷史已經過去了一千七百多年，「三顧茅廬」作為傳世佳話，至今還為人們所樂道。但是，諸葛亮隱居時的「茅廬」究竟在何處？

諸葛亮在《前出師表》中曾寫道：

臣本布衣，躬耕於南陽，苟全性命於亂世，不求聞達於諸侯。先帝不以臣卑鄙，猥自枉屈，三顧臣於草廬之中，諮臣以當世之事，由是感激，遂許先帝以驅馳。

（《三國志》卷三十五《蜀書．諸葛亮傳》）

晉人習鑿齒的《漢晉春秋》也寫道：

亮家於南陽之鄧縣，在襄陽城西二十里，號曰隆中。

這些關於諸葛亮隱居躬耕地極為簡略的表述，給後人留下了一個「謎團」。人們從不同的角度做出自己的判斷和解釋。河南省南陽市和湖北省襄陽市兩地都認為諸葛亮隱居地是在他們那裡。當今中國的學術界，為澄清事實，解開「謎團」，確定草廬所在地，先後召開了多次學術討論會，撰寫論文，出版專著。河南出版的有《諸葛亮躬耕地新考》（社會科學文獻出版社），湖北出版的有《諸葛亮躬耕地論文集》（東方出版社）、《諸葛亮研究新編》（湖北人民出版社）、《諸葛亮在襄陽》（湖北人民出版社）。在這幾本專著裡，作者們就諸葛亮的隱居躬耕地——茅廬所在處，做了有益的質疑辯難，提出了四種不同的觀點：

一是認為諸葛亮隱居躬耕之地在襄陽隆中；

二是認為諸葛亮隱居躬耕之地是在南陽臥龍岡；

三是認為諸葛亮隱居躬耕地在漢水以北、鄧州以南的鄧縣境內；

四是認為諸葛亮隱居躬耕，受顧於南陽，遊學寓居於襄陽。

在這四種不同觀點中，前兩種是爭論的焦點所在。在南陽市臥龍岡上建有武侯祠，在襄陽市隆中山也建有武侯祠。這兩個武侯祠各具特色，均享譽海內外。

筆者認為：諸葛亮隱居躬耕地的爭論，目前雖然分歧很大，但是，經過學者們的反復討論、質辨，將來是有可能取得共識的。

在新野縣城內，現在尚保存有一處議事台，也名議事堂。《南陽府志》載：

議事堂在儒學大成殿東。世傳蜀昭烈（劉備）屯兵新野時，徐庶上謁薦孔明之賢，於此議事。至今堂址猶存。

劉備在新野屯兵期間，先請出了徐庶，待為上賓。後來，曹操用計將徐庶的母親騙去許都。徐庶是個孝子，便告別劉備去投奔曹操，臨行時，他向劉備推薦了諸葛亮。劉備又請出了諸葛亮。劉備先後與徐庶、諸葛亮、關羽、張飛等文武幕僚，在議事臺上說古道今，縱論天下大事，計議爭雄神州的策略。在這個議事臺上，他們當是經歷了許多個絞盡腦汁的日夜，設計著霸業的宏圖。

在新野縣還有不少劉備、諸葛亮、關羽、張飛的文化遺跡。但是，最被新野人樂道的並引以為豪的是漢桑城。

《新野縣志》載：

漢城路南側，有古桑一株，相傳為關羽手植。樹週邊以磚垣，名曰漢桑城。

漢桑城現在位於新野縣城內中心區的漢城路小學校園裡。漢桑城的磚砌城牆高二點四二公尺，牆上還有高〇點六七公尺的堞口，城一周長一二點六公尺。城牆上鑲嵌有一塊民國二十二年（一九三三）的石碣，記敘漢桑城的故事。在漢桑城中，既沒有街道，也沒有居住人家，僅僅有一株粗壯、乾枯的古桑樹和從它根部又抽發的新枝綠葉，表現出歷史與現時共存、朽木和新芽同在的情景。把這樣一個獨特的建築景觀稱之為「城」，可以看出新野人是多麼的富有想像力和浪漫情懷。

當地民間傳說：劉備、關羽和張飛在新野屯兵期間，每天都要去校場練兵。有一天，關羽練兵後回到住處，將赤兔馬拴在院裡的一棵桑樹上，便回房休息去了。沒料想，赤兔馬由於饑餓，竟把桑樹皮啃得精光，桑樹因此乾枯而死。關羽覺得很對不起老百姓，就在原地親手重栽了一株桑樹，並在桑樹一周築了土牆保護它。到了明代，桑樹已長得高大粗壯，土牆被改築為磚牆。

關羽植桑的傳說，反映了他寬仁愛民、愛護百姓財物的心腸。因此，多少年來，這個故事一直被人們傳頌。在新野縣城裡，以「漢城」命名的有街道、學校、商店、文化活動園地。可見，在新野人的心目中，漢桑城是他們引以為榮的世界之最——世界上最奇特的「城中城」，世界上最小的一座袖珍城。

赤壁鏖戰時

劉備、關羽、張飛屯兵新野，是他們從涿郡起兵，東奔西走，歷經磨難之後，相對安定的一個時期。但是，隨著時間的推移，這種安定的局面便被新的戰爭打破。

漢獻帝建安十三年（二〇八），曹操親率二十餘萬大軍（號稱八十萬），從許都出發，浩浩蕩蕩，氣勢洶洶，南下荊襄，想一舉消滅劉備，吞掉東吳，建立其一統天下的局面。當曹操大軍壓境時，劉備雖竭盡全力，也無法阻擋曹操的進攻，他不得不放棄新野，扶老攜幼，一路南下。在劉備狼狽敗逃、形勢非常危急之時，由諸葛亮和東吳的謀士魯肅策劃，劉備和孫權聯合，雙方誓結同盟，組成聯軍五萬人，佈陣於長江岸邊，合力抵抗曹操大軍。

曹操這次南征，雖然在兵力上佔有絕對的優勢，但是，也存在著一些弱點：一是大軍遠來，經過長途跋涉，疲憊不堪，到江南後水土不服，不少士卒染上了疫病，相當程度削弱了部隊的戰鬥力；二是北方兵士不習水戰，即使進行訓練，也不是一朝一夕見效的事。因此，進行水上戰爭，就要依靠荊州投降的將士，而這些新降服的將士軍心不穩，動搖不定，不可能十分為曹操賣命；三是曹操的後方很不穩定。大軍遠征，許都空虛。馬超、韓遂駐軍關西，虎視許都。而在許都的朝廷官僚中有不少反對曹操的人，他們伺機而動，要搞掉曹操。因此，曹操這次率兵南下，也是有極度風險的。

孫權和劉備聯軍在兵少勢弱的情況下，利用曹操的這些弱點，使用火攻之法，擊敗曹操的水師。隨之，又乘勝水陸並進，大敗曹軍。這就是著名的赤壁之戰。

赤壁之戰，從政治上說，是諸葛亮在《隆中對》中構思的修好東吳、聯合起來對抗曹操的一次成功的實踐；從軍事上說是孫劉聯軍創造了以少勝多、以弱克強的戰例，鼓舞了士氣，挫敗了曹軍不可一世的銳氣。赤壁之戰，是諸葛亮出山后作為劉備的主要謀士進行策劃獲取成功的一個傑作。以這場戰爭的歷史事實為基礎，又演繹了許多有關諸葛亮神機妙算的故事，諸如借東風、草船借箭等，還有曹操、周瑜等人的故事，都膾炙人口，廣為流傳。

關羽也參加了赤壁之戰，而且，他是帶領水軍萬餘人參加這場鏖戰的。關羽具體參戰情況缺乏詳細記載，所以，很難評估他所發揮的作用。但是，僅從他能夠督率水師萬人沿長江而下參戰這一情況看，就說明關羽隨劉備來到荊州地區以後，是熟悉水軍的。作為一名北方出生的將領，又長期馳騁在馬背上，能夠在不太長的時間裡熟悉掌握水軍，足以看出他的軍事才能。

赤壁古戰場在何處？世人又有多種說法，主要有二：一是文赤壁，也名東坡赤壁，在湖北黃州，以蘇東坡寫了《赤壁賦》而聞名於世；二是三國赤壁，就是孫、劉聯軍與曹操對壘的赤壁古戰場，位於湖北省赤壁市西北長江南岸境內，由赤壁磯、南屏山、金鸞山組成。

赤壁之戰，曹操兵敗，從華容道遁兵，《資治通鑒》卷六十五《漢紀五十七》是這樣記載的：

> 操引軍從華容道步走，遇泥濘，道不通，天又大風，悉使羸（瘦弱）兵負草填之，騎乃得過。羸兵為人馬所蹈藉，陷泥中，死者甚眾。劉備、周瑜水陸並進，追操至南郡。時操軍兼以饑疫，死者太半。

赤壁之戰，是雄才大略的曹操軍事生涯中失敗最慘的一次，他帶著殘兵敗將從華容道遁走。就是在這條華容道上，又發生了一個動人的故事，即《三國演義》中第五十回中的「諸葛亮智算華容，關雲長義釋曹操」。這一回也是寫得十分精彩動人的。諸葛亮料定曹操兵敗後要從華容道遁去。但是，事前他夜觀天象，知道曹操命不該亡，就故意差關羽把守華容道，讓關羽做個人情，放走曹操。兩人為此還立了軍令狀。後來，曹操果然來到華容道，關羽眼見曹軍將士惶惶如喪家之犬，曹操又說出大丈夫以信義為重，求他網開一面，使關羽想起曹操當日對他的許多恩義來，於是，動了惻隱之心，便勒回馬頭，讓眾軍散開，放曹操過了華容道。為此，他險些被諸葛亮依照軍法處斬，由於劉備的出面說情，才保住了腦袋。華容道關羽義釋曹操，又一次說明了關羽重義氣的特質。「拼將一死酬知己，致令千秋仰義名」，羅貫中這樣評價了他。後世之人也因此大做文章，頌揚關羽的義行，成為膾炙人口的美談。

然而，看過前面《三國志》那一段關於曹操從華容道敗逃北去的敘述就可知道，儘管曹操當時處境十分狼狽、危險，但是，並沒有發生過諸葛亮派關羽去華容道布兵擋曹的事，所以，「關雲長義釋曹操」完全是《三國演義》作者羅貫中根據歷史有過的事實，又虛構了關羽義釋曹操的情節，這是作者為了刻畫關羽這一文學人物形象的需要。但是，由於羅貫中在《三國演義》裡的著力描寫，以及其他文學作品如戲劇《華容道》等的渲染，華容道的故事便廣為流傳，深入人心。

華容道遺址在今湖北省監利市境內，南起車灣鎮曹橋村外，北止毛市鎮，全長約十公里。道路狹窄，坎坷泥濘，沿途又有許多沼澤，蘆葦叢生。曹操選擇這條路退兵，是吃了很大苦頭的。筆者在華容古道上進行實地採訪時發現，在這條路上，曹操的故事流傳最多，與曹操有關的地名也最多，如馬鞍橋、救曹田、曹鞭港等。

在華容古道北端毛市鎮北不遠處，有一個陡坡，名叫放曹坡，就是《三國演義》裡寫的「關雲長義釋曹操」的地方。這放曹坡的來歷，無疑是當地民間的穿鑿附會，看那陡坡，並不險要，但是，它卻是從華容古道北去的必經之地。羅貫中在《三國演義》裡說，關羽在這裡「義釋」曹操，而毛市鎮當地的民間傳說，都說不是關羽有意放走曹操，而是由於他喝酒誤事，讓曹操溜了過去。

傳說，諸葛亮派遣關羽把守華容道時，送給他三甕美酒，作為捉住曹操後犒勞將士的慶功酒。諸葛亮還再三囑咐關羽，捉不住曹操，不得喝酒。關羽帶兵來到毛市鎮設伏，想著軍師諸葛亮對自己不大放心，心裡就很不愉快。他為了表示自己捉操的決心，便在土坡前的一條溝裡，親手砍了一隻公雞的頭，用血祭旗，並發誓說：「關某若放走曹操，當如這雞一樣，砍我冠（關）頭！」時至今日，放曹坡前的那條小溝，還被人們稱作雞冠溝。

關羽設下伏兵後，等了三天三夜，還不見曹操的影子，將士們疲憊不支，饑寒交加，關羽便不顧諸葛亮臨行時的囑咐，下令開甕倒酒給將士們喝。結果，眾將士連同關羽都喝醉了，酣臥在高坡上。曹操率兵跑到這裡，看見關羽將士的醉態，便放聲大笑：「此乃天不絕吾也！」於是，曹操便順利通過了這個隘口。待關羽從醉夢中醒來時，早沒了曹操的影子，關羽因此懊悔不已。有人就根據這個傳說，將羅貫中寫在《三國演義》裡的讚關羽義釋曹操的詩稍加改動，在群眾中傳播：

曹瞞兵敗走華容，正與關公狹路逢。
多虧三甕華容酒，醉倒漢壽走蛟龍。

關羽醉酒放操的故事，無疑比羅貫中寫在《三國演義》裡關羽「義釋」曹操的故事浪漫得多，更符合普通老百姓的審美情趣。

重兵鎮荊州

著名歷史學家范文瀾先生在評價赤壁大戰時說：

赤壁大戰，決定了三國分立的形勢。曹操所代表的統一趨勢雖然受到阻礙，但此後三國統治者各在自己的領土內削平地方割據勢力，鞏固各國內部的統一，恢復殘破已極的生產（主要是魏國），比起以前的十九年大混鬥時期，三國分立也還是全國恢復統一的一個步驟。

范文瀾先生還分析了赤壁之戰後的形勢：

赤壁戰後，三國分立的形勢基本上確定了，但這並不是三國已經成立。荊州在揚州上游，關係吳國的安危，孫權對荊州是勢所必爭的，否則便不能有吳國。劉備得不到益州，即使佔有荊州，在魏吳雙重壓力下也很難成立漢國。劉備取得益州以後，荊州成為孫權用全力來攻，劉備不能用全力來守的局面。

（《中國通史》第二編第三章）

范文瀾先生的分析是透徹的、深刻的。

曹操在赤壁兵敗後退回許都，東吳的孫權地位更加鞏固，他擁有荊州的大部分地區。而劉備也得到了武陵、長沙、零陵、桂陽四郡。待到劉表長子劉琦病亡之後，劉備便被推舉為荊州牧。經過許多年的征戰奔波，劉備終於有了一塊立足之地，形成了自己獨立的政治、軍事體系。關羽和張飛追隨劉備鞍前馬後，馳騁沙場，征戰四方，不遺餘力。劉備在拜封元勳時，關羽便當了蕩寇將軍、襄陽太守；張飛被任命為征虜將軍、宜都太守。

漢獻帝建安十六年（二一一），劉備率兵前往益州，留諸葛亮和關羽據守荊州。荊州地位的重要性，是軍事戰略家都知道的，他們都極為重視。諸葛亮在《隆中對》中曾談到它，東吳孫權手下的重要謀士魯肅也認為：

夫荊楚與國鄰接，水流順北，外帶江漢，內阻山陵，有金城之固，沃野萬里，士民殷富，若據而有之，此帝王之資也。

（《三國志》卷五十四《吳書．魯肅傳》）

荊州包括七個郡，即南郡、南陽、江夏、武陵、長沙、桂陽和零陵。赤壁戰後，曹操並沒有完全從荊州退出，尚佔有南陽郡和南郡的北部地方，東吳孫權則據有江夏郡和南郡的南部地區。而這個地區對劉備來說是非常重要的，因此，他透過魯肅的說項，從孫權手裡將南郡的南部地區「借」了過來。在借與不借這塊地方給劉備的問題上，東吳集團的內部意見很不一致。一部分如周瑜就堅決反對，而魯肅卻極力贊成。當然，魯肅的贊成是出於孫、劉聯盟，共同對抗曹操的考慮。孫權同意了魯肅的意見，借給了劉備。「借荊州」，實質上是孫、劉兩個集團在強大的曹操集團面前所做出的互相利用的一種暫時性協議。孫權方面是「暫借」給劉備，將來是要收回的；劉備方面則又是一種心態，「借」走之後，便不願意「還」給孫權。後來，在還與不還的問題上，孫、劉兩家矛盾重重。這就是在民間廣為流傳的歇後語「劉備借荊州——一借不還」的由來。

當曹操聽說孫權將荊州借給劉備以後，便大吃一驚：

（曹操）聞權以土地業備，方作書，落筆於地。

（《三國志》卷五十四《吳書．魯肅傳》）

可見，曹操也是多麼看重荊州。劉備在荊州站穩腳跟，對曹操來說，當然不是什麼好事。劉備據有荊州，而後進軍益州，是按諸葛亮的戰略思想發展的。劉備在益州穩住腳步以後，由於隨他去的龐統的亡逝，便將諸葛亮調往益州，留關羽鎮守荊州，獨當一面。按當時劉備麾下的諸將軍來看，關羽是他最為理想的荊州守將人選。

關羽鎮守荊州期間，有幾件事傳聞很廣。

一是**刮骨療毒**。

史書記載：

羽嘗為流矢所中，貫其左臂，後創雖愈，每至陰雨，骨常疼痛。醫曰：「矢鏃有毒，毒入於骨，當破臂作創，刮骨去毒，然後此患乃除耳。」羽便伸臂令醫劈之。時羽適請諸將飲食相對，臂血流離，盈於盤器，而羽割炙引酒，言笑自若。

（《三國志》卷三十六《蜀書．關羽傳》）

在醫家刮骨療毒時，關羽表現出的那種血流盈盤、靜處不驚，飲酒割食、言笑自若的神態，的確是奇勇兼備，令人驚嘆。

是誰為關羽刮骨療毒的？這裡的記載沒有說清楚，極可能是一位不知名的醫家。後來，有人附會說：幫關羽刮骨療毒的是著名醫家華佗，這是沒有根據的。華佗醫術很高明，精通內、外、婦、兒、針灸各科，尤其擅長外科。他施針用藥，簡而有效，曾治癒許多疑難病症，因此，名氣很大。曹操由於患頭風病，經常受病痛折磨，便把華佗召到許都，留在身邊，隨時醫治。後來，華佗回家探親，不願再遠出，恐怕還有對曹操的恐懼心理，所以，曹操多次徵召，他都不從命，便被曹操強行捉走，殺死於許都。時在漢獻帝建安十三年（二〇八）。當時關羽還沒有鎮守荊州，而且，在《三國志》卷二十九《魏書．華佗傳》裡也沒有記載他為關羽治病的事。可見，給關羽刮骨療毒的是另一位醫家，而不會是華佗。

但是，羅貫中卻十分巧妙地運用了華佗為關羽療毒的傳說和被曹操殺死的事實，以其生花之筆，著意構造了兩個情節，即《三國演義》第七十五回「關雲長刮骨療毒」，讓華佗主動前去樊城前線為關羽刮骨治病，表現了關羽信任華佗，讓他放手用刀的生動情景；另一方面，即第七十八回「治風疾神醫身死」中，寫曹操懷疑華佗提出用利斧開腦，取出風涎的醫療方法是要殺害他，因而將華佗下獄殺死的經過，前後形成鮮明的對照。同是由華佗醫病，關羽心地坦蕩，充分信任醫家，被治好了病臂；而曹操心術奸詐，心生懷疑，因此病不得醫，以致一命嗚呼。羅貫中透過這兩個細節的描寫，刻畫了兩個人不同的性格，既美化了關羽，又在曹操的「白臉」上塗抹了最後的、濃重的一筆。

在荊州城裡，荊州醫院大樓前的一角，現在安置有關羽刮骨療毒的漢白玉群雕像。據說，那裡就是當年關羽刮骨療毒時的地方。

第二件事是單刀赴會。

羅貫中《三國演義》第六十六回「關雲長單刀赴會」的故事，也寫得非常精彩，把關雲長冒險前往東吳軍營會見魯肅，對答應變、揮灑自如的神態寫得活靈活現，而把東吳大將魯肅則寫得很窩囊。兩人形象對比分明，反差很大。

荊州部分地區是經魯肅的說項，由孫權借給劉備的。劉備曾答應在取得益州後，就將借來的荊州還給孫權。但是，劉備在完成了他對益州的控制以後，並不打算將荊州歸還東吳。因此，督都荊州的關羽與毗鄰的東吳屢屢發生摩擦，兵戈相見。後來，魯肅駐軍益陽，與關羽抗衡。據《三國志》卷五十四《吳書．魯肅傳》，他與關羽曾經有過一次晤面：

肅邀羽相見，各駐兵馬百步上，但諸將軍單刀俱會。肅因責數羽曰：「國家區區本以土地借卿家者，卿家軍敗遠來，無以為資故也。今已得益州，既無奉還之意，但求三郡，又不從命。」語未究竟，坐有一人曰：「夫土地者，惟德所在耳，何常之有！」肅厲聲呵之，辭色甚切。羽操刀起謂曰：「此自國家事，是人何知！」目使之去，備遂割湘水為界，於是罷軍。

對這次相會，還有記載說：

肅欲與羽會晤，諸將疑恐有變，議不可往。肅曰：「今日之事，宜相開譬。劉備負國，是非未決，羽亦何敢重欲於命！」乃趨就羽。

由這些記載可以看出，在孫、劉兩軍嚴陣對峙的形勢下，魯肅主動邀關羽會面討論荊州問題，而且是魯肅主動「趨就羽」，又僅限於「諸將軍單刀俱會」。在會面後，魯肅義正詞嚴，爭辯不已，關羽處於被動狀態，和《三國演義》裡所描寫的兩人表現，大不相同。事實上，關羽也是單刀赴會的。不過，他在與魯肅的舌戰交鋒中，並沒有占上風。後來，由於曹操出兵漢中，威脅到益州，劉備為「修好東吳」，便做出讓步，「割湘水為界」，將長沙、江夏、桂陽以東地區歸還孫權；南郡、零陵、武陵以西仍屬劉備，這才暫緩和了孫、劉之間一觸即發的緊張局勢。

第三件事是關羽拒婚。

孫權曾為他的兒子求關羽的女兒做媳婦，遭到關羽的嚴詞拒絕：

先是，權遣使為子索羽女，羽罵辱其使，不許婚。權大怒。

（《三國志》卷三十六《蜀書．關羽傳》）

據說，關羽罵得很厲害：「吾虎女安肯嫁犬子乎！」他自視為虎，睥睨孫權為犬，很看他不起。因為，在漢獻帝建安二十二年（二一七）曹操大軍壓境，孫權征戰不利時，派人見曹操求和，並投降了曹操。關羽誓言與漢賊不兩立，拒絕與孫權做兒女親家，是在情理之中，亦是關羽性情剛烈的一種表現。孫權不識相，自討沒趣，關羽罵人的話傳到他的耳朵裡，他自然要惱恨不已。

關羽的這番詬罵孫權，很為後世人士所讚賞：「解圍謝曹氏，絕婚詬吳儂。」（明．吳獻台）「恩報曹瞞還去魏，婚辭漢賊還吞吳。」（明．李瑱）「卻遼數語凜冰霜，罵婚還賜慚二賊。」（明．陳省）他們認為他罵得好，拒婚是正確的，孫權是漢賊，關羽怎麼能和他結為兒女親家？但是，也有人認為其後的孫、劉交惡，兵戈相見，是由關羽的拒婚引起的，「釁起孫吳為絕親」。（元．劉緯）

在古代，政治婚姻由來已久。春秋戰國時期，各諸侯國就時常因為政治鬥爭的需要，由兩個王室成員結為舅親，構成某種聯合陣線。這種政治婚姻雖然可以使兩國（或集團）修好於一時，但是，卻是不鞏固的、不長久的，一遇風波，便會破裂，姻親也會反目成仇。就像秦、晉兩國由聯姻而結成的「秦晉之好」，後來成為傳世佳話，但是，兩國的關係卻因政治風雲變幻，利害衝突迭起，發生過許多次戰爭，有姻親關係也無濟於事。就是在三國時期，這類事情也是很多的。曹操曾經讓自己的兒子曹整與袁譚的女兒結親，這是曹操利用聯姻暫且安撫袁譚的一種手段。過後不久，曹操就與袁譚再次反目，終於將其殺死。孫權為了與劉備結成統一戰線，共同對付曹操，也曾將其妹妹嫁給劉備。但是，這種姻親關係也沒有使孫、劉二家長期修好。所以說，這種政治婚姻是靠不住的。他們所建立的某種婚姻關係，只不過是一時的政治需要，而許多女子卻因此成為他們進行政治遊戲的一種犧牲品。因此，關羽的拒婚，絕不是兩國兵釁的根本原因。以此來批評關羽是不公正的。不過關羽拒婚，加劇了孫、劉矛盾，倒是實在的。

關羽在荊州鎮守時間很長，在民間有極為廣泛的影響。因此，關羽在荊州有許多歷史文化遺跡和民間傳說，時至今日，還為群眾所喜聞樂道。

先說荊州城

荊州城又叫江陵城，一城二名，是歷史地理上的正式稱謂。荊州城還被叫作簸箕城和蘆席城。這是流傳在民間的兩個名字。

傳說，關羽奉劉備之命鎮守荊州時，這裡既沒有險要處所可據，也無城池垣塹可守。為了防禦北方的曹操和東方的孫權隨時可能的進犯，關羽便決定修築一座土城，這事被上天的王母娘娘知道了，她認為荊州是一塊寶地，但是，由於長期戰亂，兵戈不息，生靈塗炭，民不聊生。她想救民於水火，把荊州收回來，作為一塊聖地，讓當地居民永遠避去災禍，安居樂業。所以，她就派了九天仙女下凡去見關羽，索要荊州。

九天仙女來到荊州見了關羽，說明來意。關羽聽了，心裡自然是不願交出荊州，但是，他也知道王母娘娘厲害，是得罪不起的，不敢硬頂，只能智算。他就想了個主意，要和九天仙女比賽築城，九天仙女築城的東面和北面，關羽築城的南面和西面。時間只有一個晚上，雞叫停止。如果九天仙女先完成她的工程，就把荊州收回去；如果關羽先完成他的工程，荊州就仍歸關羽鎮守。

九天仙女以為自己法力無邊，比賽築城，她一定能勝利，所以，就同意了關羽的主張。

當晚，築城比賽開始後，關羽便急忙調動他手下的十萬兵馬，挖的挖，挑的挑，抬的抬，築的築，工地上熱火朝天。而在九天仙女那邊工地上卻十分的冷清。她不擔不挑，只用衣裙包土轉運，只運去一裙土，倒下去，就堆成了一個城垛。沒多大工夫，九天仙女就把東面的城牆築好了。再築好北城牆，也用不了多少時間。

關羽見這般光景，知道是比不過九天仙女的，情急生智，他便又想出來兩個主意：一方面命令將士到江邊低窪處割來一捆捆蘆葦，編成一張張蘆席，聯結起來，矗立在西、南兩方，遠遠看去，猶如城牆；另一方面，差人去近處農家院裡的雞窩邊，拍打簸箕，誘使公雞提前叫鳴。九天仙女聽見雞叫，遠看關羽那邊城牆都已築好，心裡吃驚，她不辨真假虛實，便以為自己輸了，又不好意思再見關羽，就騰雲駕霧，回天宮去了。

關羽築起的荊州城，就因了這個傳說，被稱為簸箕城和蘆席城。這個築荊州城的故事，雖然只是個傳說，卻反映出在民眾的心目中，關羽是個足智多謀的人，連天上的神仙，他都能勝了。

到現在，荊州城外西北郊還有一個地方叫九女塚，據說那就是九天仙女遺留下來的城垛。在荊州城東門外，有兩個不大的土堆，人稱畫扇峰，也叫張飛一擔土。傳說是關羽和九天仙女比賽築城時，領兵駐守在蘆花蕩的張飛兩手拎了一擔土趕來幫助關羽築城，當他快趕到工地時，聽到了雄雞高唱，關羽的城牆築好了，他覺著手裡的一擔土派不上用場了，順手一丟，就成了兩個相連的土堆。

其實，荊州城在周厲王時已有雛形，到秦代，便建成了荊州城，並成為當時的全國十大商業都會之一。關羽鎮守荊州時，便又築了一座土城。當地群眾就是在關羽築城的歷史基礎上，演繹了這個與九天仙女比賽築城的神話。

再說得勝街

走出荊州大北門（也名拱極門）便是護城河。河上有一座青石砌築的石拱橋。橋南右側的一通石碑上書有「得勝橋」三個大字。碑陰鐫刻的碑文，說明了「得勝橋」的來由。

相傳西元二〇八年，赤壁之戰後，曹操倉皇北逃，劉備軍與吳軍水陸並進，追到南郡，得勝而有荊州，從此入城，後人便稱之為得勝橋。一九三四年龍舟競渡，群眾擁擠，橋體塌毀。一九六三年改建。

的紀念意義。

按碑文記載，得勝橋是赤壁戰後，劉備由此橋進入荊州而稱呼起來的，含有對劉備戰勝

走過得勝橋，是荊州城外的北門大街，當地群眾稱之為得勝街。得勝街並不是得勝橋名的擴延，而是因關羽的戰功而得名的。

相傳，關羽鎮守荊州時，在城外西北方修建了演兵場、點將台；他每天都要帶領兵將到那裡去操練。往返時都經過北門大街。日久天長，北門大街上的群眾都很熟悉他。後來，關羽每次出征打仗經過這裡時，老百姓就夾道歡送；待到他打了勝仗回來時，老百姓就敲鑼打鼓，燃鞭放炮，殺豬宰羊，犒勞三軍。也就是因了這一層緣故，北門大街就被平民百姓叫成了得勝街。從得勝街得名的經過，可以看出關羽當年在這裡鎮守時，是很受老百姓擁護的。

還說點將台。點將台在荊州城西約五公里處的花園鄉公路邊，是一處又高又大的土堆，方圓有十八畝大，高四一點五公尺。相傳這裡就是關羽鎮守荊州時練兵點將的地方。點將台東北方還有一處高地叫拍馬山。相傳有一天，關羽天不明就來到拍馬山，天色昏暗中，只聽見馬蹄嘚嘚，震地動天，隱約可見一個人催著戰馬馳向山巔，飛過平地，往來之間，忽而飛騰跳躍，忽而跨背藏身，槍擊劈殺，格鬥擒拿，動作熟練，身手靈敏。關羽看了，暗裡叫好，但卻又認不出是自己手下哪一位大將。

天色大亮以後，那個騎馬練武的人從山上賓士下來，關羽才看清他是自己二兒子關興的馬童，便叫了過來，問了個明白。他覺得小馬童的武藝並不比自己手下那些將軍差。

後來，有一次，關羽決定發兵去攻打樊城的曹軍，他登上點將台時，他手下的將軍們都

眼巴巴地希望關羽能夠派自己帶兵出征。誰也沒有想到，關羽卻指名道姓，要小馬童領兵出征。那小馬童沒有辜負他的厚愛，帶領兵馬去到樊城，施展巧計，突出奇兵，把曹軍打了個落花流水。小馬童凱旋時，關羽還親自出荊州城迎接。

點將臺上，關羽是不拘一格選拔英才。還有一個馬跑泉。馬跑泉在荊州城西北約十五公里的八嶺山上。泉旁有清道光二十六年（一八四六）鐫立的《漢關公馬跑泉碑》，碑文寫道：

泉以馬跑名，邑乘載之。歷傳漢關帝走馬處也。

泉水清洌而味甘。積霖不溢，久旱不竭。鄉人請其水療疾，輒立效焉。想見帝德巍巍……泉之傍舊有明碑，係萬曆十三年（一五八五）立。惜其文漫滅，其可認真僅有：劉先主困當陽時，關公引師救之，取道過此，人馬俱困，忠義感泉湧出，傳誦至今。

民間傳說是，關羽為援助困在當陽的劉備，路過此地時，人馬困乏，近處沒有水源，正在大家焦急無奈時，關羽的坐騎赤兔馬昂首嘶鳴，用蹄刨地，竟然刨得一眼清泉，解了燃眉之急。馬跑泉由此得名。

還有一座王家鋪漢壽祠

王家鋪在今監利市境，距監利市約十公里。王家鋪又名王家巷，也叫蘆花市，在長江邊。據說，關羽在鎮守荊州時，對長江水利防洪問題十分重視，經常帶領官員沿江巡查。有一年，陰雨連綿，江水暴漲，關羽下令軍民上江堤抗洪搶險。一天，王家鋪江堤潰決，形勢十分危險。正好關羽巡江來到這裡，他不顧一切，揚鞭催馬，躍入決口處，在江水中指揮堵口。江堤上的將士、百姓看見關羽捨身帶頭搶險，也紛紛跳下水去。經過大家齊心協力搶救，終於將決口堵住，使這一帶百姓的生命財產沒有受到損失。老百姓感激關羽治水救民的功績，便在王家鋪修了一座廟紀念關羽，這便是漢壽祠。

筆者在採訪關羽歷史文化遺跡過程中，每到一地所見關帝廟並問起建築的情由，大都是因了關羽的「神威」「靈驗」，才建廟奉祀他的神主，祈求他在冥冥之中的保護。而只有這一座漢壽祠，卻是因為他治理長江，有功於民，為了紀念他的治水功績，才修築起來的。關羽長期鎮守荊州，歷史傳說中，說他的戰功比較多，而政績卻很少提起。這座王家鋪漢壽祠就是鮮為人知的關羽政績的文化遺存。因此，可以說，王家鋪漢壽祠不同於一般的關帝廟。

在荊州，還有許多關羽的歷史文化遺跡，如南門關帝廟——關羽督都荊州時的府邸；荊州城裡三座山——松甲山、卸甲山、擲甲山；摩旗台、洗馬池、平頭塚、安民塚、三義廟、十回橋、煙堆等等，每一處都有與關羽相關的傳說故事。這些足以說明，關羽在荊州民間是多麼受當地人民的厚愛。

威聲震華夏

關羽手握重兵，鎮守荊州，經過多年的苦心經營，成為劉備在益州東邊的一支可靠的威懾力量，他既可以北向中原攻擊曹操，又可以沿江順流而下突襲孫權。因此，無論是孫權，還是曹操，都不敢輕視他。但是，由於荊州地理位置的重要，東吳孫權和中原的曹操，對它都是虎視眈眈，欲取之而後快。這是劉備、諸葛亮和關羽心裡都十分清楚的事。所以，關羽鎮守荊州也是小心謹慎，不敢大意的。從漢獻帝建安十六年（二一一）到二十四年（二一九）

這一段時間裡，荊州方面的形勢還是相對穩定的。

漢獻帝建安二十四年（二一九），曹操從長安出兵，逼臨漢中，與劉備爭戰失利後又引軍返回長安。劉備遂據有漢中。這年七月，劉備自立為漢中王，對追隨他南征北戰、建有功勳的人都加以賞封：諸葛亮為軍師將軍，關羽為前將軍，張飛為右將軍，馬超為左將軍，皆假節鉞，有生殺奪之權；黃忠為後將軍，趙雲為翊軍將軍。關、張、馬、趙、黃被世人稱為劉備麾下的五虎上將，關羽為其首。按關羽與劉備的關係、聲望和戰功，他是理所當然應居此位，並當之無愧的。

關羽和張飛雄壯威猛，叱吒沙場，風雲一時，是「萬人之敵」的良將。他們的性格不同，關羽剛而驕，張飛烈而猛。陳壽在《三國志》裡評價他們：

羽善待卒伍而驕於士大夫，飛愛敬君子而不恤小人。

（《三國志》卷三十六《蜀書．張飛傳》）

他還批評關羽「剛而自矜」，這是正確的。關羽追隨劉備南征北戰，功不可沒，但是，他自恃頗高，對一般人不大看得上眼。劉備在益州得到馬超這員戰將，關羽便寫信給諸葛亮，詢問馬超的才幹，誰可與他匹敵。諸葛亮很聰明，熟悉關羽的心理狀態，便寫信回答他：

孟起兼資文武，雄烈過人，一世之傑，黥、彭之徒，當與益德並驅爭先，猶未及髯之絕倫逸群也。羽鬚美髯，故亮謂之髯。羽省書大悅，以示賓客。

（《三國志》卷三十六《蜀書．關羽傳》）

馬超是一員虎將，儘管「雄烈過人」，是「一世之傑」，但是，他不過是黥布、彭越（二人都是劉邦手下的大將）一流的人物，只可以與張飛類匹，比不上你「絕倫逸群」的關羽。諸葛亮這番話，使關羽自負的心理得到滿足，所以，他十分高興，將這封信展示給他的賓客看。

當漢中王劉備授關羽、張飛、馬超、黃忠、趙雲均為將軍時，諸葛亮就預料到關羽對老將黃忠的授職會不贊同，因此，向劉備提出來，要他考慮如何消除關羽的不滿情緒。劉備對他的這位二弟是很瞭解的，他派前部司馬費詩去見關羽，授假節。果然，費詩一去，說明來由，關羽就光火了，拒絕受拜。他的理由是：「大丈夫終不與老兵同列！」他認為與老將黃忠並稱將軍是一種恥辱。而費詩是劉備授意而來的，早有思想準備。因此，他很聰明地開導關羽：

> 夫立王業者，所用非一。昔蕭、曹與高祖少小親舊，而陳、韓亡命後至，論其班列，韓最居上，未聞蕭、曹以此為怨。今漢王以一時之功，隆崇於漢升，然意之輕重，寧當與君侯齊乎！且王與君侯，譬猶一體，同休等戚，禍福共之。愚為君侯，不宜計官號之高下，爵祿之多少為意也。僕一介之使，銜命之人，君侯不受拜，如是便還，但相為惜此舉動，恐有後悔耳！」羽大感悟，遽即受拜。
>
> （《三國志》卷四十一《蜀書．費詩傳》）

費詩導之以史，曉之以理，使關羽悟解了，他拋棄了成見，接受了拜封。

從這兩個故事，可以看到關羽「剛而自矜」性格的另一面。他並不是一個固執己見、頑固不化的人，他還能聽別人的意見，只要覺得人家的意見有道理，他也能夠接受。這也是他的可貴之處。

關羽擁兵荊州，養精蓄銳，並圖謀發展。

就在劉備稱漢中王、拜關羽為前將軍後不久，關羽於漢獻帝建安二十四年（二一九）七至八月間，對曹操採取了一次強有力的軍事行動。他讓南郡太守糜芳守江陵，將軍傅士仁守公安，成為掎角之勢。這是關羽在出兵擊曹操前，為防備孫權侵犯，保證後方安危和前方物資補給的一種措施。這一招，顯示了關羽的戰略意識。在做出這種安排之後，他便親自帶兵攻打曹兵據守的樊城，發動了襄樊戰役，試圖打開通往許都的門戶。樊城在漢江之北，與在漢江之南的襄陽隔江而峙。樊城的守將征南將軍曹仁是曹操的族弟。曹操曉得樊城的得失事關重大，所以，便派左將軍于禁去幫助曹仁守衛。曹仁命于禁和立義將軍龐德帶兵屯守樊城以北。八月，天降大雨，漢水暴漲，平地湧起洪水數丈。于禁和龐德被圍困在尚丘之上，關羽帶荊州水軍乘船攻打，結果，于禁等七軍三萬餘人全部覆沒，他窮途末路，投降了關羽。另一大將龐德落水被俘，拒不降附，被關羽殺死。這就是在《三國演義》裡被大肆渲染的「關雲長放水淹七軍」。關羽在對于禁、龐德的這一次戰役中，利用天降大雨、漢水溢漲的天機和荊州軍熟悉水戰的優勢，取得了勝利。

在于禁的七軍覆沒之後，關羽便全力攻打曹仁據守的樊城。在洪水的衝擊下，樊城城牆不斷坍崩，危在旦夕，城內守軍極為恐慌。

《資治通鑒》卷六十八《漢紀六十》記載：

羽急攻樊城，城得水，往往崩壞，眾皆恟懼。或謂曹仁曰：「今日之危，非力所支，可及羽圍未合，乘輕船夜走。」汝南太守滿寵曰：「山水速疾，冀其不久。聞羽遣別將已在郟下，自許以南，百姓擾擾，羽所以不敢遽進者，恐吾軍掎其後耳。今若遁去，洪河以南，非復國家有也。君宜待之。」仁曰：「善！」乃沈白馬與軍人盟誓，同心固守。城中人馬才數千人，城不沒者數板。羽乘船臨城，立圍數重，外內隔絕。羽又遣別將圍將軍呂常於襄陽。荊州刺史胡修、南鄉太守傅方皆降於羽。

關羽此時氣勢很盛。曹仁困守的樊城被大水和關羽的水軍圍困，形勢非常危急。守將中有人主張逃出樊城，而汝南太守滿寵分析了形勢，認為洪水是暫時的，不會氾濫太久。雖然關羽氣勢洶洶，但是，攻不下樊城，他也不敢貿然北進。所以，應該固守樊城。曹仁聽從了滿寵的意見，殺白馬與將士盟誓，決心固守樊城。滿寵的建議是樊城沒有易手的關鍵。

由於關羽在襄樊前線的勝利，不僅曹操的一些地方官吏投降了關羽，許都以南地區民眾也紛紛回應關羽。

《資治通鑑》卷六十八《漢紀六十》記載：

陸渾民孫狼等作亂，殺縣主簿，南附關羽，羽授狼印，給兵，還為寇賊，自許以南，往往遙應羽，羽威震華夏。魏王操議徙許都以避其鋭，丞相軍司馬司馬懿，西曹屬蔣濟言於操曰：「于禁等為水所沒，非戰攻之失，於國家大計未足有損。劉備、孫權，外親內疏，關羽得志，權必不願也。可遣人勸權躡其後，許割江南以封權，則樊圍自解。」操從之。

關羽在他戎馬征戰的生涯中，襄樊戰役達到了事業的頂峰，取得了「威震華夏」的巨大成功，使得曹操都考慮要離開許都，以躲避關羽咄咄逼人的兵鋒。只是由於司馬懿和蔣濟的勸解，曹操才沒有遷都。對關羽的這番功績，後人有許多讚美之詞，「巨浪淹七軍，襄樊列艨艟。禁俘德亦虜，大江血流紅。威聲震華夏，皎日懸晴空。陸渾亙許洛，壺漿若雲從。」（明．吳獻台《題壯繆侯像》）「攻樊之師尤烈烈，殲龐降禁七軍戕。威震華夏瞞奪魄，許都之議何蒼黃。」（明．陳省《鼎新武安王廟顏歌》）「舉襄圍樊勢破竹，七軍電掃如秋蓬。禁俘德梟兩雉兔，大澤艨艟莽回互。天崩地坼華夏驚，六合幾完漢時故。自許以南遙受盟，壺漿簞食傒湯征。笑殺曹瞞挾漢帝，中原元穴逃生緜。」（明．胡應麟《謁漢壽亭侯廟歌》）

分析一下關羽此番征戰的勝利，他是佔有了天時、地利、人和的因素。

首先，就天時來說，天降大雨，漢水暴漲，幫了關羽的大忙。關羽水淹七軍之地在罾口川，這地方地勢低窪，原本是一片荒灘。它的南面是波浪滾滾的漢水，北面是縱橫交錯的紅水河、排子河、馬張河、清河以及黃龍堰、黑龍堰等五條堰壙，西面是崗巒起伏的丘陵，從而構成西邊高、東邊低的地理形勢。當關羽出征襄樊時，曹仁就命令于禁和龐德駐守在這一帶，目的在於防止關羽渡過漢水，從背部襲擊樊城。曹仁的這一招，從實戰結果看是一個敗招。因為，在戰爭進行中，天氣突變，連降大雨，這一帶便成了一片汪洋，淺水數尺，深水數丈。從北方來的曹軍不習水性，處境十分困難。而關羽利用了這有利時機，挖開漢江大堤，引漢水直灌樊城。關羽就這樣利用滔滔漢水，傾覆了于禁等七軍，又將曹仁團團圍困在樊城，對曹軍形成一種不可抵擋的優勢。

其次，就地利來說，關羽雖然僅據有荊州的一部分地區，但是，面對襄樊來說，還是佔有地理條件上的優勢，在一般的情況下，他可以進退自如。而且，劉備在取得漢中以後，又攻佔了上庸等地，對襄樊也形成了壓力。

第三，就人和來說，曹操佔領的南陽郡和南郡北部地區的官吏、百姓，並沒有完全歸附，反抗活動不時發生。說明曹操在這一地區的統治很不穩定。就當地民心來說，既不聽命於曹操，也不傾向於東吳，而是有利於劉備。

因此，關羽就取得了勝利。但是，就關羽內部來說，也潛伏著矛盾，這是關羽自己沒有料到的。另外，孫、劉兩個集團的矛盾，關羽雖然有所警惕，但是，在戰爭進行的緊要關頭，由於曹操的挑撥，孫權的突然變卦，弄得關羽措手不及，使得他從事業的頂峰一下子跌入了深谷。

今天，當年關羽水淹七軍的古戰場——罾口川，已變成了一望無際的良田，但還有一些因關羽征戰時的有關傳聞而得名的地名，如跑馬大道、馬棚、鏖戰崗、擂鼓台……這些帶有一千八百餘年前那場戰爭烙印的歷史文化遺址，仍然流傳在當地百姓的口碑之中。

麥城長遺恨

襄樊戰役，水淹七軍，把關羽推到了歷史激流的浪尖上，但是，隨之而來的風雲變幻，又使他墜入了險惡的深淵。

劉備、孫權的結盟，是一種暫時的相互妥協、相互利用的現象，從長遠的戰略形勢觀察，它的基礎是薄弱的、不鞏固的，隨時都有可能出現裂縫，導致聯盟的破壞，形成軍事對抗。荊州地區之爭是這兩個集團矛盾鬥爭的表像，其實質還是在於長遠的建立統一政權的慾望。在這一方面，劉備較之孫權更為強烈一些。因為，在他看來，他所要建立的一統政權，不僅是一個新的王朝，而且是劉氏創建的漢政權的衍襲。劉備多年來就是以「皇叔」的正統身份，活躍於各種政治、軍事勢力之中，並以此為號召的。

關羽在襄樊戰役中取得的勝利震驚了華夏，不僅使曹操動魄，而且也相當程度觸動了孫權的神經。正如曹操的謀士們所分析的，對關羽的成功，孫權是不願意的、不期望看到的。因為，關羽的勝利不僅威脅到曹操，而且也必將威脅到孫權。因此，孫權便決定趁關羽率兵征伐樊城的機會，進攻關羽的後方。

其實，東吳集團對關羽虎視眈眈，圖謀已久，所以未發，只是時機未到而已。關羽對此也是警覺在心，他在北征曹操時留下相當數量的軍隊，就是為了對付東吳可能發動的襲擊。

魯肅在世時，力主孫、劉聯盟對付曹操。他的威望與智略對孫權有很大影響，使孫、劉之間脆弱的聯盟關係能夠維持，儘管呂蒙曾向孫權提出對付關羽的五條密策，他都沒有接受，仍對鎮守荊州的關羽採取睦鄰友好政策。待到魯肅病亡，由呂蒙取代魯肅的地位，鎮守陸口，與關羽相拒，形勢就發生了變化。

呂蒙與已故的周瑜都不同於魯肅，他們均不主張孫、劉結盟，而是力主吞滅劉備，壯大自己的勢力，以與曹操抗衡。這種主張是建立在他們對東吳集團實力高估的基礎上。

呂蒙在孫權的支持下，採取了兩面手法：一方面，繼續向關羽表示友好，以麻痺他；另一方面，積極策劃，伺機襲取荊州。

呂蒙首先給孫權寫了一封密信，建議說：

> 羽討樊而多留備兵，必恐蒙圖其後故也。蒙常有病，乞分士眾還建業，以治疾為名。羽聞之，必撤備兵，盡赴襄陽。大軍浮江，晝夜馳上，襲其空虛，則南郡可下，而羽可禽也。」遂稱病篤，權乃露檄召蒙還，陰與圖計。羽果信之，稍撤兵以赴樊。
>
> （《三國志》卷五十四《吳書．呂蒙傳》）

呂蒙以治病為幌子返回建業，讓名望不高的陸遜代他駐守陸口。陸遜到任之後，就寫了一封信謙卑肉麻地恭維關羽：

> 前承觀釁而動，以律行師，小舉大克，一何巍巍！敵國敗績，利在同盟，聞慶拊節，想遂席捲，共獎王綱。近以不敏，受任來西，延慕光塵，思稟良規」。又曰：「于禁等見獲，遐邇欣嘆，以為將軍之勳足以長世，雖昔晉文城濮之師，淮陰拔趙之略，蔑以尚茲。聞徐晃等少騎駐旌，窺望麾葆。操猾虜也，忿不思難，恐潛增眾，以逞其心。雖云師老，猶有驍悍。且戰捷之後，常苦輕敵，古人杖術，軍勝彌警，願將軍廣為方計，以全獨克。僕書生疏遲，忝所不堪，喜鄰威德，樂自傾盡，雖未合策，猶可懷也。儻明注仰，有以察之。」羽覽遜書，有謙下自托之意，意大安，無復所嫌。
>
> （《三國志》卷五十八《吳書．陸遜傳》）

呂蒙託病去了建業，蒙住了關羽的眼睛；陸遜的一封書信，麻痺了關羽警覺的神經。他隨即犯了兩個嚴重的錯誤：將留在後方警戒東吳進犯的軍隊調了一部分去襄樊前線，形成後方空虛；又因為得到于禁降卒數萬人，糧食乏絕，輕率地取了孫權在湘關的糧米自用，給孫權以用兵荊州的口實。

孫權得知這些消息後，就趁機用兵。他親自率隊沿江西上，以呂蒙、陸遜為前部。為不使關羽巡江的部屬察覺，呂蒙把戰船改扮作商船模樣，士兵隱藏在船艙中，搖櫓的士卒都穿上白色衣服，扮成商人，白天黑夜，不停地進發。遇到關羽崗哨，都予以收服。東吳大軍直逼南郡。關羽這時在襄樊前線，還被蒙在鼓裡。此時，如果關羽的守將在發覺東吳兵犯境後，即起抵抗，也許可以拖延時日，待關羽從襄樊前線撤兵回來救援，內外夾擊，尚有挽回敗局的可能。然而，不幸的是，關羽留守的南郡太守麋芳，因為南郡軍營失火事件，受過關羽的責罰。關羽出征後，讓麋芳和公安守將傅士仁負責大軍糧草供應，他們有時供應不上，關羽很惱火，揚言還兵之後要懲治他們。麋芳、傅士仁一向因為關羽看不起他們，心裡早有怨恨情緒；又因糧草供應不及時，聽說關羽要懲治他們，便恐慌不安。孫權兵臨城下，派人去勸說，他們不做抵抗，便開門投降。

後方失守，是關羽所沒有料到的。與此同時，在襄樊前線，曹操派來救援樊城守軍的平寇將軍徐晃與關羽對陣，關羽失利，因此，關羽不得不從襄樊前線撤軍。

呂蒙進佔江陵、公安後，關羽及其將士的家屬都被掌握在他手中。呂蒙很有政治頭腦，對他們不加傷害，而予以安撫。關羽從襄樊撤軍以後，曾多次派人到江陵探聽情況，呂蒙又厚待他們，允許他們在城中周遊，互通書信。呂蒙的懷柔政治攻勢是成功的，關羽將士得到家屬平安無恙、生活得到照顧的消息便失去了鬥志，無心與東吳爭戰。關羽勢孤力弱，便帶著少數兵卒西去，退守於麥城（今湖北省當陽市東南）。孫權一面派人進城誘降，一面派潘璋、朱然截斷他的歸路。關羽突圍後，與其子關平等在臨沮（今湖北省遠安縣）羅漢峪裡遭伏擊，被東吳兵俘獲。此地被後人名之為回馬坡。新編的《遠安縣地名志》說：回馬坡，位於遠安縣鳴鳳鎮西北十八點五公里，羅漢峪溝中游地段，為洋坪公社所轄。羅漢峪溝東西走向，峪谷段長約十公里，地勢險要，兩崖峭壁懸岩，溝水長流，清澈見底，古為通往蜀地要道。三國時，關羽大意失荊州，敗走麥城。麥城被困，欲取臨沮小道，由羅漢峪溝去四川求援。吳國呂蒙命部下朱然、潘璋預先於羅漢峪溝岔中設下伏兵，關羽至此覺察，勒馬撤回；吳兵一聲號令，長鉤套索，一齊併發，絆倒戰馬，關羽父子被擒。後人因此將此地命名為回馬坡。

回馬坡的地形的確是十分險要，真有一夫當道、萬夫莫過之勢。現在，這裡傍山建有一通清同治七年（一八六八）鐫立的石碑，碑的正面刻有十九個大字：

嗚呼，此乃關聖帝君由臨沮入蜀遇吳回馬處也。

碑陰刻有「漢壽亭侯像」，是騎馬像，下面刻有一段文字：

漢末，三國鼎立。建安二十四年冬，吳蜀大戰，蜀將關羽兵敗至此，回馬被擒，亡年五十八歲（應為五十九歲）。後人有詩嘆曰：漢末才無敵，雲長獨出群。神威能奮武，儒雅更知文。天日心如鏡，春秋義薄雲。昭然垂萬古，不止冠三分。

漢獻帝建安二十四年（二一九）十二月，關羽及其子關平、都督趙累同時遇害於當陽漳鄉。關羽時年五十九歲。叱吒風雲的一代將星隕落了。

對孫權、呂蒙破壞孫劉聯盟，突然襲擊關羽後方，致使關羽敗走麥城，父子因之不幸亡命，後世之人多有憤慨、惋惜、悲嘆之詞。

南宋著名學者朱熹說：

學者但知曹氏為漢賊，而不知孫權之為漢賊也。若孫權有意與復漢室，自當與先主協力並謀，同正曹氏之罪；如何先主才整頓得起，便壞倒，如襲取關某之類是也。

（《解梁關帝志》卷之二）

明代文學家王世貞說：

嗚呼，篡漢者瞞也，成瞞篡者權也。瞞，名漢臣也，實漢賊也；權，陽瞞敵也，陰瞞翼也。公批亢於前，而不虞奸於腋，七軍甫淹，六師隨厄，使永安之恨不在許昌而在公安。

（《關聖帝君聖跡圖志全集》卷之五）

這是一種具有廣泛意義的代表性觀點：曹操是漢賊，孫權也是漢賊。曹操欲置關羽死地而不能，孫權則用奸謀而斃關羽之命。他的罪責尤在曹操之上。

也還有人認為，關羽失敗的責任在於劉備和諸葛亮。王世貞說：

世以失荊州為關侯罪，吾以為非關侯之罪，乃昭烈之失也。昭烈之失，在委侯以為操角而不為之繼也。夫操，猾虜也，割天下之三，垂而以戎馬據其吭，侯雖獲于禁七軍，能保操之不自至乎？操至，侯保其能勝乎？即勝，能孤軍乘而深入乎？不勝，其何以退乎？夫勝而不能退，是勝亦危也；不勝而不可以退，是不勝更危也。俱非所以有荊州之道也。當是時，昭烈或自出，或以委子龍、翼德率三萬之眾而駐江陵為侯聲援，侯進，可以藉其威以挾操，退，可以有所就而無他虞。雖百蒙、遜，其何能為？而荊州固於泰山矣。夫以昭烈之明，孔明之智，而計不能及此，天也。

（《解梁關帝志》卷之二）

也有人不同意王世貞的觀點，認為：劉備當時初定漢中，諸葛亮方理內政，無力分師支援關羽。因此，關羽在荊州的失敗，劉備和諸葛亮是沒有過失的。

更有人認為如果關羽不死，他必將「併魏吞吳」。

元人胡琦說：

於是，威震中原，莫不回應……當是之時，義師之氣可謂振矣！非有勇者能如是乎？不幸釁生於鄰國，禍起於蕭牆，墮吳兒計中，使其不死，曆以歲月，併魏吞吳必矣。

（《解梁關帝志》卷之二）

清人盧湛更有論說：

曹操之死，去章鄉之難，僅一月。而丕（曹丕）即以操死之年篡漢矣。使阿蒙（呂蒙）無掣肘之謀，荊州無破巢之患，雖曹仁堅守，徐晃力戰，而操死可待，帝師可整，吾知逆丕之眾，方旰食不暇，而敢從容肆志以圖禪代乎？是帝之一身，實四百年漢業所系焉者。而吳人為鬼為蜮，務有以害之而後已，則其得罪高（漢高祖劉邦）光（漢光武帝劉秀），誠不可復贖矣。故並以操丕篡之年月附之，以見漢之亡，由於帝之亡，而吳之賊甚於魏之賊也。

（《關聖帝君聖跡圖志全集》卷之二）

這當然是一個良好的願望，也是過高估計了關羽的能量，而缺乏對三國時期各個集團鬥爭的歷史辨析。

後人還用許多詩句表達他們對關羽亡逝的痛惜情緒。「惜我壯繆功不就，竟令豺兕還紛紛。」（金．張珣）「欲除曹氏眼前害，豈料吳兒肘後欺。報國忠心千載著，復仇遺恨幾人知。」（元．何淏）「三分鼎據今猶恨，不恨曹瞞恨仲謀。」（明．袁翔）「孤忠凜凜猶生色，三國茫茫竟逝波。地下應含千古恨，雄心未復舊山河。」（明．張京安）「中原父老瞻依日，西蜀君臣倚重時。何事蒼天厭炎祚，至今遺恨使人悲。」（明．侯加采）「千秋遺恨在，誰與問東風。」（清．張鵬翮）等等。

關羽在荊州的失敗，有外因也有內因。

從外因來說，首先，他面對的曹操是強大有力的，不可能一舉而摧垮。所以，關羽雖然在襄樊戰役中取得水淹七軍、俘禁斬德、威震華夏、許都倉皇的輝煌勝利，但是，曹操還是有力量反擊的，因此，樊城便久攻不下，關羽無力前驅中原。

其次，正如曹操的謀士們所預料的，關羽的成功是東吳所不願意看到的。關羽在襄樊前線的勝利，使孫權不惜破壞脆弱的孫、劉聯盟關係，出兵荊州攻擊關羽的後方，從而，直接導致了關羽的失敗。

從內因來說，首先，關羽的出兵襄樊，缺乏戰略上的通盤考慮。按諸葛亮在《隆中對》中的策略，「天下有變，則命一上將將荊州之軍以向宛、洛，將軍（指劉備）身率益州之眾出於秦川，百姓孰敢不簞食壺漿以迎將軍者乎？」這種東西夾擊戰略，使曹軍處於兩線作戰的地位，對曹操威脅是很大的。可是，關羽師出荊州，而劉備在漢中卻沒有動靜，這只能說明事前沒有進行周密的策劃。明人王世貞對關羽孤軍北征失利的分析，是有一定道理的。其次，劉備軍內的潛在矛盾，在戰爭進行到關鍵時刻暴露出來，使關羽孤掌難鳴。當關羽在樊城久攻不下時，曾召駐兵上庸的劉封、孟達率兵來支援，但遭到拒絕：

> 自關羽圍樊城、襄陽，連呼封、達，令發兵自助。封、達辭以山郡初附，未可動搖，不承羽命。
>
> （《三國志》卷四十《蜀書．劉封傳》）

劉封、孟達的拒不援助行為，是不能原諒的。尤其使世人慨憤的是糜芳、傅士仁臨陣叛軍，禍起蕭牆，從內部斷送了關羽。糜芳、傅士仁與關羽的矛盾由來已久，關羽「剛而自矜」的性格是形成其矛盾的一個因素。

關羽被害後不久，呂蒙便發病死去，曹操也於延康元年（二二〇）正月逝世。他的兒子曹丕於當年十月廢除漢獻帝，自己登上皇帝寶座，國號魏，改元黃初。劉備在黃初二年（二二一）四月，也即皇帝位，國號改為漢，後世稱蜀或蜀漢，改元章武。孫權在黃初三年（二二二）接受魏文帝之封為吳王，到二二九年稱帝，國號吳，改元黃龍，三國鼎立局面最終形成。

關羽被東吳孫權殺害，對劉備是一個沉重的打擊，他失去了一個重要的戰略地區，也失去了一個「恩若兄弟」的大將。他當然不甘心失敗，決意要出征東吳，奪回荊州，也為關羽報仇雪恥。對他這次東征行動，其政權內部有很多人不贊成。但是，劉備固執己見，不聽勸阻，他於章武元年（二二一）七月親率五六萬大軍約同張飛一道東征孫權。結果是，張飛在受命之際，被手下將領張達等殺害。劉備於次年（二二二）帶兵至猇亭與東吳對陣，劉備戰敗，損兵折將，逃回白帝城。章武三年（二二三）四月，劉備病逝。至此，當年「桃園結義」的三兄弟都離開了人世。

劉備的東征孫權，無論從政治上或軍事上考慮都是不明智的。但是，他的這一行為卻被世人所讚賞，因為，他打著為他的結義兄弟報仇的旗幟，是很能觸動人心的。所以，雖然他以東征失敗而告終，卻贏得了人們的同情。再加上小說、戲曲的渲染，劉備重恩義的形象便深入人心了。

關羽敗走的麥城，位於當陽的東南。當陽在荊州與襄樊之間，是軍事要地，歷來是古戰場。

漢獻帝建安十三年（二〇八）曹操親率大軍南征時，劉備從新野兵敗南行，曹操窮追不捨，就在當陽長阪坡展開了一場惡戰。至今，那裡還流傳有長阪坡之戰的眾多故事，為人們茶餘飯後的談資。

關羽鎮守荊州期間，常來當陽，這裡也留有他頻繁行走的足跡，以及與他有關的歷史文化遺跡。如淯溪、河溶、腳東、黑土坡、跑馬坡、落帽塚、載起帽、連三包、關興坡、呼兒山、拖刀石等等。可見，關羽在當陽民間傳說中的影響並不次於荊州。當然，在這眾多的歷史文化遺跡中，最引人關注的當是麥城。麥城遺址在現今當陽市東南二十公里處西河鄉境內的麥城村。麥城村又名群利村。聞名於世的麥城僅剩下一段南北長約六〇〇公尺、寬約一百公尺、高三十公尺的殘垣斷壁。考古工作者認為，這一段遺跡，極可能是麥城的西門。當地民眾把現存的遺址稱為朝陽山。

麥城在東周時就是楚國的重要城邑。楚國有位名將伍子胥，他父親伍奢和哥哥伍尚都被楚平王殺死。伍子胥輾轉逃亡到吳國，當了吳國大夫。為報殺父之仇，他在周敬王十四年（前五〇六）率領吳國兵馬攻入楚國郢都，在攻打麥城時，他築了一座驢城和一座磨城，驢城在東，磨城在西。所以，當地至今還流傳有民謠：「東驢、西磨，麥城自破。」可惜，驢城和磨城早已蕩然無存。

關羽退守麥城後，內缺糧草，外無援兵，形勢非常困難，關羽便決定留下部將周倉和王甫固守麥城，他自己則帶了兒子關平和都督趙累及少數兵馬突圍出城，西去益州搬兵，再圖恢復。

關羽去益州，有通行大道，也有山間小路。關羽生怕東吳孫權會在大道上設伏，所以，他選擇了走小路。這條小路從沮河東邊的山巒中蜿蜒向西北伸展，沿途所到之處，都艱險難行。

關羽是夜間出走麥城的。當他們一行人來到當陽西北二十公里處的百寶寨時，皓月當空，映照得沮河水、白虎頭山夜色如畫。關羽騎在馬上，舉目四望眼前的綠水青山，不由得想到他鎮守荊州多年，苦心經營的美麗、富饒的荊襄寶地，轉眼之間就要落入他人之手，心裡便頓覺淒然，很是傷感。他勒馬石壁前，沉思良久，便舉起手中的青龍偃月刀，含悲忍淚，用刀鋒在石壁上刻下了「綠水青山」四個大字。當他刻到「山」字時，突然狂風驟起，月昏星暗，那壁竟然墜下一塊來，使個「山」字殘缺不全。關羽心裡便生出了不祥的感覺：「半壁江山，大拋去矣！」荊州失守，無疑是漢中王劉備丟掉了半壁江山！

「綠水青山」，寄託了關羽對荊襄寶地山山水水的無限眷戀之情。

鐫刻在石壁上的「綠水青山」四個大字，蒼勁有力，很有氣勢，現在依然保存完好。當陽民間傳說現在保存下來的字，不是關羽當年刀刻的，而是東漢著名書法家蔡邕書寫的。

關羽從百寶寨繼續前行，從而進入了臨沮羅漢峪，闖入了東吳的埋伏圈。

關羽父子在臨沮羅漢峪中了埋伏遇害，消息傳到麥城，奉命固守待援的周倉和王甫如何應對，沒有記載，民間傳說也沒有這方面的資料。倒是周倉有葬處。周倉墓在兩河鄉，距麥城遺址兩公里遠。墓前有清同治七年（一八六八）鐫刻的一通墓碑，上書「漢武烈侯周將軍諱倉之墓」。武烈侯是明神宗對周倉的封謚。

對周倉這個人，有不同的認識。

有人說，從來就沒有周倉這個人，根據是《三國志》等史書裡沒有關於他的任何記載。有人說，周倉確有其人。理由是：他在《三國演義》裡多次出現，追隨關羽鞍前馬後，征戰多年；在戲劇舞臺上的紅臉關公戲裡，周倉也是少不了的角色。在民間傳說中，周倉與關羽之間發生的故事也很多。在全國眾多的關廟中，都有周倉一席之位，如果沒有周倉這個人，誰能虛擬這麼多？

清光緒年間的《山西通志》是這樣記敘的：

周倉，河東大陽人。從關公，以忠勇見親。公遇害，倉死之。舊志：倉，平陸人。有武勇，板筋虯髯，儀容甚偉。初為張寶將，自恨事非其主。比遇關公於臥牛山，翻然曰：「匹夫失所依，今遇將軍，如披雲霧而見青天，願步隨，雖千里不辭也。」遂相從。當樊城之役，漢水暴溢，魏將龐德乘小舟欲還營，倉深知水性，驅大筏而來，沖翻小舟，生擒德上筏。其驍健如此。後守麥城，忠勇益厲，比聞關公遇害，遂死之。

謹案：將軍姓名不見正史。或據《三國志．魯肅傳》：

肅往益陽，邀關相見，各駐兵百步上，但將軍單刀赴會。肅因言：『國家區區以土地借卿家者，以卿家兵敗遠來，無以為資故也。今已得益州，既無奉還之意，但求三郡，又不從命。』語未竟，坐有一人曰：『夫土地者，惟德所在耳，何常之有！』肅厲色呵之，甚切。關操刀起曰：『此自國家事，此人何知？』目使之去」云。所言「此人」，蓋即倉也。《演義》實本以立說。又元魯貞作《關廟碑》有「乘赤兔兮從周倉」語，則其來已久。不得以史佚其名，遽斷為無稽也。然如舊志所稱，究當存疑，且直書為平陸人，亦未合。姑附著之。

（《山西通志》卷一百三十六）

清乾隆二十八年（一七六三）《平陸縣志》記敘的與《山西通志》相同，只是具體地說周倉是平陸縣西祁村人。西祁村位於平陸縣（平陸縣在漢時為大陽縣）城北十五公里。村裡原有古將軍城遺址，還有周倉廟，群眾稱之為周爺廟。明人楊文卿曾寫有一首題為《題周倉祠》的詩，稱道周倉：

壯夫遇知己，願為馬前卒。

一死報主恩，身亡名未沒。

在周倉廟前十餘公尺處有周倉父母合葬墓，墓前有文字介紹說，周倉父名周子義，母名白海棠。不過，這都是由民間流傳下來的，並非見於文字記載。

在周倉廟西有一條溝，叫作劃溝，有數十公尺寬，數十公尺深，長二十多公里，北從中條山向南直達黃河邊。傳說，周倉家裡很窮，為了養家糊口，他就經常徒步翻越中條山到河東鹽池去擔挑私鹽，日久天長，練就了一副鐵腳板，健步如飛；磨就了一對鐵肩膀，能挑千斤重擔。有一次他又去挑私鹽，被官員發現，便追趕來要抓他。周倉快步跑過中條山，快到西祁村時，後邊的官兵就要追上他了。情急之下，周倉放下鹽擔，抽出扁擔，在身後就地一畫，立馬就出現了一條深溝，將官兵擋在了溝那邊，周倉這才得以逃脫。劃溝便由此而得名。

黃巾軍起義時，周倉也參加了農民軍，還是個小頭領，歸張寶統率。平陸縣隔黃河對岸的河南省陝縣境內有個黃巾寨，就是當年周倉帶領的黃巾軍紮過營的地方。

筆者在各地採訪關羽歷史文化遺跡的過程中，聽到許多關於周倉和關羽之間發生的故事，這些故事都把周倉描繪為樸實、忠厚、勇猛的人。

根據以上內容分析，筆者認為：在歷史上曾經有過周倉這個人，他的原籍是山西省平陸縣西祁村。不能以不見正史便予以否定。因為，在當時來說，周倉地位不高，僅僅是關羽的一個隨從人員，名望不高，後來的史書如《三國志》、《華陽國志》等沒有給他立傳或附錄他，那是因為他不夠規格，並不是因為他不存在。至於他後來的顯赫，如明神宗封他為武烈侯，那無疑是沾了關羽的光。非止周倉，連關羽的坐騎赤兔馬也沾了光，被封為追風伯。

東吳孫權雖然採用了呂蒙的計策，置關羽於死地，但是，他也知道，這事非同小可，孫、劉兩家的聯盟會被破壞，而且，劉備也不會善罷甘休。孫權也很狡猾，他殺死關羽以後，一方面以諸侯禮葬關羽身軀於漳鄉，一方面於建安二十五年（二二〇）正月將關羽的首級送到洛陽獻給曹操。曹操對關羽的死自然是高興的。但是，他也是聰明人，便也在死人身上做文章，以王侯禮葬關羽，表現他的大度和對關羽的敬重。關羽的軀體葬在當陽，首級葬在洛陽，所以，在當陽和洛陽兩地都有關羽塚。

湖北當陽關陵，在關羽初葬時僅為一個土塚，後來，由於歷代皇帝對關羽的倍加推崇，封謚有加，所以，墓地建築規模不斷擴大、增加。

《湖北通志》卷十八記載：

關陵在縣西五裡，背西向東，門臨沮水。陵為土阜，高二丈，甃（砌）石為垣，上加扶欄。周二十餘丈。墓門有碑書漢時官爵。考吳曆，孫權以諸侯禮葬之。邦人墓祭，歲以為常。宋開寶（宋太祖年號），詔置守塚三戶。淳熙（南宋孝宗年號）中，襄陽太守王銖始建祭亭。環以垣牆，樹之松柏。元至元（元惠宗年號）中，玉泉僧慧珍作祠門以表之。明成化三年（一四六七）詔修武安王墓，邑令黃恕請立廟，春秋祀之。此廟祀之始。墓前數武為寢殿，範銅為神像，冕旒執圭。殿前左右廊各五間。又前為大殿。又前為拜殿。左右廊各十二間。又前為戟門，為馬殿。左右有門。門前左右為鐘鼓樓。又前為三元門。門前為漢室忠良坊。左右列華表。又前為神道碑，覆以亭。寢殿左為啟聖宮。大殿左為八角亭。中勒辭行像。後為春秋樓。樓下為承祭官齋宿所。亭前為齋房，為庖廚。大殿右伯子祠。祠後為佛堂拜殿。

右為僧房廟，左為博士署。垣環繞袤三百餘步，廣二百餘步。

關陵現在的規模，大致如上述記載。

當陽關陵又被當地人稱為大王塚。進入關陵，首先有神道碑亭，亭內矗立有「忠義神武靈佑仁勇威顯關聖大帝漢前將軍漢壽亭侯墓道」碑一通。亭前有一副楹聯，寫道：

灘水夜號蛟龍飲泣三分恨；秋山晝嘯草木聲誅兩賊魂。

從神道碑亭走過「漢室忠良」石牌坊，便是儀門。儀門後有馬殿，殿內塑有關羽的赤兔馬和其子關平的坐騎白馬像。

馬殿後是祭殿，殿的右方為齋房，過去是拜謁香客齋戒處，左方為簽房。祭殿西廂為碑廊，保存有一批很有史料和藝術價值的珍貴碑刻。

祭殿後是大殿，殿門上懸掛有清同治皇帝手書的「威震華夏」匾額。殿裡塑有關羽坐像。大殿右前方為聖像亭，因亭內保存有「關羽辭曹行」畫像碑而得名。聖像後為春秋閣，原有關羽夜讀《春秋》塑像。塑像已毀壞不存。大殿左邊有伯子祠，也名關伯子陪享祠，祠內曾有關平塑像，現也不存。大殿後是寢殿，殿內有臺灣統天宮於一九九一年捐贈的一尊關羽銅像。寢殿後邊，左為佛堂，是陳、隋時期高智顗（智者大師）關羽亡靈授菩薩戒，尊關羽為玉泉寺伽藍神的紀念處所。右為啟聖祠。

寢殿後便是關羽墓。墓高七公尺，周長六十八公尺，甃石為垣，上加石雕欄杆。墓前有祭亭，亭裡有明萬曆四年（一五七六）墓碑一通，上書「漢壽亭侯墓」，祭亭石柱上有一副楹聯：

抔土涵太虛；群山擁神宅。

當陽關陵裡有一些奇特的自然生態景象：一是關陵裡的樹雖然長得挺拔蒼勁，但是，所有的樹都沒有樹梢，傳說是葬在這裡的關羽無頭，所以，這些樹也不長頂梢（頭）；二是陵墓周圍的古樹，都一致向陵墓方向傾斜，形成一種朝拜、護圍的姿態，人稱「百龍捧聖」；三是關陵牆裡牆外的樹木，雖是同一品種，僅一牆之隔，長勢卻迥然不同，長在牆外的光禿，長在牆裡的蔥綠。這三種自然生態現象，被人們稱為「關陵三怪」。除此之外，在陵墓周圍，還生長著一種一人多高的結香樹，從上到下，每一個枝都分為三個枝，而且，自然地扭曲在一起。當地人說，這是象徵著桃園三結義。據說，這種結香樹在外地栽不活，即使栽活了，也是只開花不結果，只有在這關陵裡，才開花又結果。這些自然生態的奇異現象，需要研究、破譯。當東吳孫權差人將關羽的首級送到洛陽獻給曹操時，曹操便將關羽首級安葬在洛陽城南門外，即現今的洛陽市南七公里處的關林，民間呼為關塚，可見，關塚在最初的規模不會很大。至於修廟，據說是在明代萬曆年間。建廟經過被鐫刻在清康熙五年（一六六六）立的一通碑上：

萬曆中，有皇華如秦，道出於洛，夜宿郵亭，夢帝求構新宅。及覺，詢及父老，遂展拜於塚下。時有白氣騰起，直凌霄漢，見帝隱耀雲間，與夢相符。乃移文撫按司道，請敕褒封「三界伏魔大帝神威遠鎮天尊關聖帝君」。加冕旒十二，如帝制，遣使致祭於墓，特建廟貌。

這個記載是說廟宇的建築起因是朝廷使臣（皇華）路過洛陽夜宿驛館時，夢見「關帝求構新宅」，這才施工建築。這種傳說不可信，但是，倒可以佐證洛陽關廟建築成型是在明代萬曆年間。

清道光元年（一八二一）洛陽關廟才被稱為關林。解梁關帝志》卷之一有這樣的記載：

雒陽（按：雒陽原名洛陽，三國時魏改洛陽為雒陽）關帝塚祠在城東南十五裡。季漢書云：漢建安二十五年（二二〇）正月，操還雒陽。權襲害帝，傳首至雒。操以王侯禮葬，故無祠。今祠制：中為正殿五間，後為寢殿五間，寢殿之北為帝塚。周甃磚，垣外植松柏。正殿之南為儀門三間。又南為大門三間。左右回廊四十餘間。東偏有道院，司香火者居之。又巽隅有坊，題曰：關聖帝塚。

現今的關林規模要比上述記載大一些。它佔地百畝，有殿宇廊廡一百五餘間，古碑刻七十餘通，石坊四座，大小石獅一百一十多個，古柏八百餘株，是現存關廟中是比較大的一個，被譽為五大關廟之一。

關林的大門為五開間三門道硬山式建築，門額上懸有「關林」金字匾額。

進入大門後，便是儀門。再往後走，便是大殿，兩者之間有一條石雕欄板護圍的通道。通道兩側東邊有鐘樓，西邊有鼓樓。從通道走前去，先有一個長方形月臺，月臺後邊有拜殿，也名啟聖殿，是每年舉行祭祀的地方。拜殿上方懸有清乾隆皇帝「聲靈於鑠」題匾。殿前同時還鐫有乾隆皇帝書寫的一副楹聯：

翊漢表神功龍門並峻；扶綱伸浩氣伊水同流。

拜殿後是大殿，內有關羽坐像，頭載十二冕旒帝王冠，身著錦緞滾龍袍。關平立於左，周倉站於右，還有文臣武將侍立在旁。

大殿之後，依次為二殿、三殿（寢殿）。在三殿後有石牌坊，三門道，正中題的「漢壽亭侯墓」。石坊後邊是一座八角亭，亭裡有石碑一通，上書「忠義神武靈佑仁勇威顯關聖大帝林」。碑陰鐫有清康熙五年（一六六六）董篤行撰的《關聖帝君行實封號碑記》，記敘了關羽生平事蹟和歷朝封謚以及建廟的情況。關羽的墓在八角亭後，呈不規則的八角形，佔地二五〇平方公尺，墓高十公尺，一周有磚砌圍牆環繞，墓上邊長有許多樹木。墓前有一塊清康熙四十六年（一七〇七）修築的石墓門，額題為「鍾靈處」，旁有一副楹聯：

神遊上苑乘仙鶴；骨在天中隱睡龍。

洛陽關林裡的八〇〇多株柏樹，都有三〇〇多年的樹齡，樹幹粗壯，枝葉繁茂，鬱鬱蔥蔥，柏香襲人。「關林翠柏」被譽為洛陽小八景之一。筆者在考察眾多關廟時發現，但凡那裡有古樹，便會有一些神奇的傳說。在洛陽關林，也不例外。洛陽關林眾多的柏樹中，也有自己奇特的故事。

在關林大殿前，西邊有一株龍頭柏，東邊有一株鳳尾柏。龍鳳柏是怎樣形成的呢？

一種傳說是：每年在關林祭奠關羽的時候，天上的龍、地上的鳳，都趕來參加。他們分別落在東西兩株柏樹上，年復一年，就分別長成了龍頭鳳尾。

另一傳說是：關羽的神靈每天晚上都要在殿裡秉燭夜讀《春秋》。有一次，東海的龍王和南嶺的鳳凰來到這裡，看見關羽夜讀燭光很暗，便分別棲息在大殿前的兩株柏樹上，龍眼如燈，鳳尾放光，將大殿映照得通明透亮，使關羽夜讀時不再吃力。日久天長，那東海龍王就長在樹頂，成了龍頭；那南嶺鳳凰長在樹根，成為鳳尾，歲歲年年，日日夜夜，陪伴著成了神的關聖君。

美麗的傳說，寄託著人們對關羽的敬慕之情。筆者在洛陽關林實地採訪期間得知，在洛陽，關羽首級的葬處還有一地，是在今偃師市佃莊鄉關莊村。偃師市屬洛陽市管，在洛陽市東部。

關羽在這裡的葬處稱關塚，位於二〇七國道上跨越洛河的洛陽橋南，路西側緊靠洛河河堤下邊、關莊村外的燒磚窯院裡。據《偃師縣志》等有關資料記載，關帝塚高約十公尺，直徑二十公尺。明代嘉靖年間，墓前立有一通石碑，上書：漢壽亭侯武安王協天護國大將軍關侯之墓。佃莊鄉關莊村原名潘窩，因為村裡有這座關帝塚，才改名為關莊。關莊村裡沒有關姓居民。一九七九年，關帝塚塌陷，經考古隊發掘，塚內有石砌的墓道，墓道有兩公尺寬，墓道前有石門兩扇，每扇重約五百公斤。在墓室裡沒有發現棺木，只有一個人頭骨，沒有軀體或匹配的軀體。還發現了一些陪葬的陶制豬、羊、酒具等器物。

在關帝塚的北邊，原先還有一個高大的檯子，老百姓叫它石疙瘩。兵荒馬亂的年月，是村民躲避亂兵和土匪的處所。有人說這土檯子是疑塚，不大可信。因為，如果這裡果真是關羽首級葬處，何須用疑塚？而且，誰又會為他修疑塚？

當地民間傳說：以前村裡人辦紅白喜事，待客需要桌椅和盤碗之類的用具，只要事主事前去關帝塚前燒一炷香，說明情況，求告一番，第二天，所需要的家什就會如數出現在塚前，事主用完後再送回去，對群眾很是方便。後來，有一家人很貪財，用完以後，卻沒有送還，據為己有。從此之後，誰也從關帝塚借不出來家什了。真是一個貪心人，禍害了全村人。

洛陽關林和偃師市關莊村關帝塚，哪一個是真塚，哪一個是假塚？筆者曾就這一個問題求教過洛陽市一位文物工作者，他認為：偃師縣關莊村關帝塚可能是真的。

從洛陽古城發展演變的歷史來看，它曾先後修建過東周王城，隋、唐洛陽城，明、清洛陽城。這三個時期的洛陽城都位於現今的洛陽市區，而關林正好位於它的南部。另外，還有漢、魏時期修建的洛陽城，其遺址在洛陽市的白馬市東、孟津縣的金村一帶。偃師市關莊村關帝塚正好在魏、晉洛陽城遺址的南邊，與傳說中曹操葬關羽首級於洛陽城南二點五公里是相符的。偃師市關莊村關帝塚是關羽首級的真正葬處，可能性極大。但是，也有令人不解之處。一是，發掘出僅有一個頭骨，既無棺木又無匹配的軀體，與傳說中曹操為他配製了沉香木軀體，並予厚葬的情況不符，這也可能是曹操並沒有厚葬關羽，也沒有為他配製軀體。所謂厚葬與配軀之說，是曹操散佈的假像，或者說是民間流傳的一種想像。二是，既然偃師關莊關帝塚是真墓，為什麼會長期受到冷落？而關林卻特別得到重視和擴展，成為世人心目中關羽首級葬處？一方面可能是與漢、魏、晉時期洛陽故城敗落有關，另一方面也可能與人為地在關林宣揚有關，造成喧賓奪主之勢。

洛陽市近郊有兩個關帝塚——關羽首級葬處，這是客觀存在的。誰真誰偽，是未解之謎。也許有朝一日能夠得到破譯，解開其中的奧祕。筆者還注意到，有人寫文章稱，在關羽的故里解州（今山西省運城市西南三十五里解州）也有關帝塚，並說：「身葬當陽，頭在洛陽，魂歸故鄉」。說關羽在故里解州有葬處是不確實的。關羽自從在漢靈帝光和二年

（一七九）殺人出逃後，就再也沒有回過故鄉。他在當陽身亡之後，也沒有遷葬故里之說，甚至，在他的故里連衣冠塚也沒有建過。所以，筆者認為，稱關羽在故里也有墓地，是訛傳，沒有任何根據。

第五章　著述和書畫

關羽有沒有著述、書畫傳世？傳世名為關羽的著作，其真偽如何？這是需要探究的一個方面。

著述辨識

關羽是武將，一生征戰沙場，不遺餘力。但是，據說他喜讀《春秋》，對《春秋》經義很有研究，頗有心得，並身體力行。後世之人對此頗多讚頌之詞。解州關帝廟最後方建有一座精美的春秋樓，樓上塑有關羽讀《春秋》像，至今尚保存完好。在其他眾多的關廟中，也大都塑有類似的關羽讀《春秋》像，或建有春秋樓（閣），以頌贊關羽的熟讀《春秋》。

由於關羽是武將，一生征戰不已，所以，他在文墨方面不可能有很多傳世之作，這從正史裡沒有記載就可說明。但是，後人卻輯錄了他的一些文墨編為集子，刊行於世。筆者見到的集目有以下數種：

《義勇武安王關公集》：明正德年間禮部侍郎呂柟編。清朝初年又由禮部侍郎錢謙益重新修訂。

《重刻漢壽亭侯集》：明代浙江人方瑩重刻。

《關帝集》：明代絳州人辛全編。

《武安王集附錄》：明代湖南昭陽人李葉編。這幾個集子，現在已難找到原版本，其中收錄內容無從知曉。筆者臆斷，這些集子極可能是紀性文集，收錄關羽生平事蹟、世人評說和讚頌關羽的詩文，也收錄一些世間流傳的關羽的著述，但不會是關羽本人的著述專集。

筆者在現今傳世的一些集子中，看到了一些關羽的著述。

清人盧湛編撰的《關聖帝君聖跡圖志全集》卷之二中收錄有關羽的書信七封。即：

三與桓侯書操之詭計百端，非羽智縛，安有今日？將軍罪羽，是不知羽也。羽不緣社稷傾危，仁兄無儔，則以三尺劍報將軍，使羽異日無愧於黃壤間也。三上翼德將軍，死罪，死罪。

這封信可能是關羽從許都出來，與張飛重逢時，張飛對他心懷猜疑，關羽三次寫信給他表明心跡。盧湛對這封信有以下解釋：

按：此帖米南宮書，吳中翰林收得之。焦太史竑請摹刻正陽門關廟中。翰秘惜真跡，乃令鄧刺史文明以意臨之，刻諸石。今觀此書正大簡嚴，當非偽作。而南宮手筆亦必確有所證無疑也，特採入之。

米南宮即米芾，是北宋著名書畫家。據說，他曾將這封信寫成字帖，被後人所得。明代學者焦竑令人摹刻於石，立於京都正陽門關廟中。盧湛因此認為不會是偽作。按關羽與張飛重逢時的情況，因生猜疑，關羽連寫三封信給張飛予以表明心意，也是可能的。此信為其中之一。

與張遼書魯仲連東海之匹夫耳，為齊下士，然且恥不帝秦職，為通侯，列漢元宰，獨可使負漢耶？子且休矣。

這封信是關羽在下邳被圍困，張遼奉曹操之命前去勸降，關羽寫信給張遼表示不投降曹操，這封信的真偽是難辨識的。

官渡與操書劉豫州有言，尉佗秦之小吏耳，猶獨立不詭。羽啞啞飛鳴，翔而後集，寧甘志終小人下也？使明公威德布於天下，斡旋漢鼎，窮海內外，將拜下風慕高義矣，獨羽兄弟哉！瞻悚，羽再具。

這封信是關羽在曹操與袁紹進行官渡之戰期間寫給曹操的，希望曹操鼎扶漢室，布德義於天下。當他刀劈袁紹大將顏良、解白馬之圍、被曹操表封為漢壽亭侯時，關羽又有一封信給曹操：

入許拜漢壽亭侯復操書明公佈大義於天下，而速取自樹，非羽之所敢知。若猶是漢也，羽敢不臣漢哉！敢拜嘉命之辱。

這封信與前一封信一樣，都強調了尊奉漢王朝的正統思想。

當關羽知道了劉備在袁紹處的消息以後，便有了辭別曹操投奔劉備的意思，他又先後寫了兩封信給曹操：

歸先主謝操書羽聞主憂則臣辱，故主之音問耳。今故主已在河北，此心飛越，神已先馳。惟明公幸少矜之。千里追尋，當不計利害，謀生死也。子女玉帛之貺，勒之寸丹。他日幸以旗鼓相當，退君三舍，意亦如重耳之報秦穆（原文如此。按：秦穆當為楚成）者乎。羽謝。

又致操書竊以日在天之上，心在人之內。日在天之上，普照萬方；心在人之內，以表丹誠。丹誠者，信義也。羽昔受降之日，有言曰：主亡則死（或為輔），主存則歸。新受曹公之寵顧，久蒙劉主之恩光。丞相新恩，劉公舊義，恩有所報，義無所斷。今主之耗，羽已知。望形立相，覓跡求功，刺顏良於白馬，誅文醜於南陂，丞相之恩，滿有所報。每留所賜之物，盡在府庫封緘。伏望台慈俯垂鑒照。

對這兩封信，前面已做過辨析，就不再贅言了。關羽還有一封寫給東吳陸遜的信：

與陸遜書將軍作鎮西藩，為吳右臂，下車未遠，遽懷老夫，中心藏之，共獎王室，幸甚，幸甚。目前小捷，曷敢貪天之功。第荊州與陸口接壤，為釁已非一日。寡君報公子之命，丞相有破曹之勳，舊屬宗盟，非吳土地。乃阿蒙（呂蒙）不揆大義，狡然西窺，老夫不戒戎車，而捍禦無術。將軍慨然以操猾為憂，豈睹其篡逆不共戴天，尚以蜀為漢室宗胄，或能用命抑事，在涇而指，在洛亦為將軍為之。老夫之言，誠如皎日，勿昵小功，終成大德。

這封信是關羽對東吳陸遜接替呂蒙的職務到陸口後給他寫的一封信的回復。關羽由於沒有洞察呂蒙和陸遜的陰謀，所以，覆信的言辭是誠懇的，坦蕩無疑的。仍希望孫、劉結好，共同對付曹操。

以上這七封信，客觀地分析，在特定的時間、特定的事件下，都有可能由關羽書寫給對方，以表達自己的態度。如離開許都時致書給曹操以表明心跡，接陸遜信給予回復等，都是合乎常理的，也符合關羽本人的性格。但是，也不可排除後人傳刻中的增刪之詞，甚或偽託。

在《關聖帝君聖跡圖志全集》卷之二中，還載有《忠義經十八章》。對這篇作品，明代嘉靖年間曾任兵部、吏部尚書、太子太師、河東蒲州人楊博曾寫有一篇序言，對它做了說明。序說：

關聖《忠義經十八章》，皆帝自製也。晉陳壽演俗通義，似近鄙褻。茲宋學士孫奭編述，南渡中丞張守訂梓，相傳五百餘年，世人亦不知有是經也。維帝忠義昭宇宙，功烈垂史冊，祠祀遍天下，黃髮稚齒，極海窮邊，靡不崇重。而帝之隨在著靈，威英顯赫，千載一日。博幸生同帝鄉，藉蔭蔽久。嘉靖丙辰（一五五六）巡撫荊楚。荊，故帝保障。迄今家至戶聯，頂禮如在。比還省，辭楚王殿下，王詢帝故里事，復出《忠義經》示，博拜賜踴躍，若帝陟降也。歸舟檢閱後，先紊敘簡編遺逸字畫，錯亂差訛，遂為校訂重錄，匯成一帙，攜之京師。繼役關中，未遑鋟梓，適都督劉顯移兵守川廣，因以貽之，俾刻荒鎮以作士氣，以風忠義，且播之天下，使瞻奉者有所持誦則傚云。

（《關聖帝君聖跡圖志全集》卷之二）

楊博得到《忠義經十八章》是在他於明代嘉靖年間結束巡撫荊楚時，由楚王朱顯榕交給他的。據說，此文經北宋學者、龍圖閣學士孫奭編述，到明代嘉靖年間已經流傳五百餘年。楊博得書後，校訂重錄，經都督劉顯重刻傳世。

《關聖帝君聖跡圖志全集》刊印的關羽《忠義經十八章》可能就是依據的這個版本。至於說《忠義經十八章》是否是關羽「自製」的，對古人的著述，後人提出懷疑的很多。別的不說，就以與關羽同一時期而後逝的諸葛亮寫的《後出師表》，也曾有人認為不是出自諸葛亮之手，而是後人偽托之作。對關羽這篇「世人亦不知有是經」，而且，敘事中有一些不符合歷史事實的詞句，因此，懷疑它的真實性，也是可以理解的。

筆者認為，這篇《忠義經十八章》並非關羽本人「自製」，而是後人「代製」的。理由是：在《忠義經十八章》的《述志章第一》中，關羽敘述了自己生平經歷的一些大事。從桃園結義到水淹七軍，威震華夏，許都惶懼，他都提到了。由此推論，如果《忠義經十八章》是他自己撰寫的，那麼撰寫的時間當是在水淹七軍後、敗走麥城前的這段時間裡。而在這段時間裡，敵兵圍困，緊追不捨，他哪裡有心思、有工夫坐下來寫這樣的文章？而且，文中有「誅顏及文，急於報曹」「斬將五關，尋戮蔡陽」「追曹南郡，釋之華容」等句，不符合歷史事實。如果說《忠義經十八章》是他成神後「自製」，那就更為荒唐了。所以說，《忠義經十八章》是後人為關羽「代製」的。「代製」的目的在於宣揚關羽以忠義為核心的思想。筆者既然認為《忠義經十八章》不是關羽「自製」之作，又都把它引證於此，是希望讀者對此文進行辨識，做出自己的判斷；同時，也可進一步認識關羽的思想體系，或者說認識世人所宣揚的關羽的思想體系。且按它是關羽「自製」述錄於下：

《忠義經十八章》每章長短不一，每句四字，文字簡練，內容廣泛，可以說是關羽對人生的一份理性宣言書。十八章的具體章節和主要內容是：

《述志章》第一，關羽說：

> 吾大漢民，世居解梁。值黃巾亂，天下用兵；行至涿郡，偶遇劉張；義聚桃園，約為兄弟，生死靡二。學春秋，兼習武事。始除黃巾，虎牢戰布；許田射鹿，義無反顧。有志不遂，良用嘆息。下邳之困，兄弟離散；君猶是漢，罔敢不臣！曹操奸雄，奏封漢壽。吾奉二嫂，心在故主，感其知遇。許以立效，謂答秦繆，亦如重耳。誅顏及文，急於報曹，以圖遄歸，他非所恤。封金懸印，秉燭達旦，敬慎威儀。匹馬千里，斬將五關，尋戮蔡陽，會於古城。復遘子龍，周倉亦至。昔在隆中，隨訪臥龍。孔明稱吾，逸群絕倫。赤壁之役，追曹南郡，釋之華容，實踐前言。既督荊州，勸農崇學。赴魯肅會，談笑自若。水淹七軍，生獲龐德，名聞華夏，許昌懾魄。拜前將軍，得假節鉞。西川定鼎，炎德復興。孫權竊據，實

為漢賊。罵使絕婚，志必滅之。時數不逢，平生無補。吾無所長，唯存忠義，扶漢除奸，不知畏避。年幾六旬，有命在天。視我丹心，聽我微言。日在天上，心在人中。為子盡孝，為臣盡忠。父嚴母慈，兄友弟恭；夫婦唱隨，朋友有信，鄉鄰以睦，寬恤婢僕。吾言淺近，大益身心。為士為宦，為將為卒，持誦吾言，功名有成。為農為商，為工為賈，持誦吾言，資業日隆。民有貴賤，嗜欲不異。居家行路，貿易婚姻；患病犯刑，構頌鬥爭；山海魑魅，盜賊水火；至誠持誦，諸事咸寧。盡性立命，惟此至誠。明善以存，葆光益算。世人險詐，喪心敗德；燋灼自賊，屍行肉走。赫赫皇天，昭臨在上。善有餘慶，不善餘殃。戲侮吾言，神明戮汝。

在這一章裡，關羽歷數生平之後，極力倡言「忠義」。所謂忠，就是要盡道事奉君王，一心不二；所謂義，就是要捨身為國，義無反顧。在關羽的思想裡，劉姓封建皇帝，封建統治的漢王朝，居於至高無上的地位。作為劉漢王室的臣民，只能忠心赤膽，以「忠義」的思想和行為去維護它。關羽就以自己「唯存忠義」「心有丹誠」而自豪。而這一點，正是後世之人所推崇的。關羽還把「忠義」的原則推而廣之，作為一般的思想行為準則，告誡世人，作為父子、兄弟、夫婦、朋友、鄉鄰，以及將、吏、士、農、工、商，都應當以「忠義」為訓，身體力行，方能「功名有成」「資世日隆」。

關羽的「忠義」觀，沒有也不可能超越歷史的、階級的局限。他所依據的是春秋大義、儒家思想。在中國漫長的封建統治朝代中，這正是統治階級所需要，也是社會一般人所能接受的思想道德灌輸、薰陶的重要內容。不忠不義則為人所不齒，是社會的丑類。忠義才是高尚的情操，忠義之士是社會的俊傑。

《洪蒙章》第二，關羽說：

洪蒙元始，天地未分，大化布氣，是生萬物。陰陽氤氳，最貴為人。陽余為男，陰餘為女，化化生生，乃有倫理。宿命因緣；有善有惡。所作之報，如影逐形。種蘭得香，種粟得糧。因人善惡，禍福不爽。天地之中，五行正氣，大道在人，不可輕棄，保之甚難，失之甚易。若迷不悟，心入邪僻，貪嗔淫殺，永墮地獄。皆由群生，自作自受。諦聽吾言，免淪凶處。孝順父母，和睦六親，盡忠秉節，不犯天刑。五體具足，十相端成。

在這一章裡，關羽以天生萬物、以人為貴為起點，推論到人的倫理道德諸方面。他強調人為萬物之貴，而倫理道德對人來說則是最緊要的。人之行事，猶如「種蘭得香」「種粟得糧」，善有善報，惡有惡報。因此，「貪嗔淫殺」者，就會「永墮地獄」，而「孝順父母，和睦六親，盡忠秉節」者，則「不犯天刑」。他要求人們不要輕棄「大道」，要遵循倫理道德觀念，擇善而從，去禍得福。

《氣數章》第三，關羽說：

人秉氣數，乃有斯身。風土不同，稟受自異，清濁既殊，智愚攸分。數系於命，氣稟於天。須學至道，以全其元。愚可以智，濁可以清。諦聽吾言，勿虛汝生。

在這一章裡，關羽雖然從宿命論的觀點認為「數系於命，氣稟於天」，人之清濁、智愚都是氣數所定的。但是，他卻又強調，這種情況又是可以改變的，改變的方法就是要學。學什麼？「須學至道」。關羽所指的「道」是什麼？就是儒家的倫理道德思想體系。只要主觀努力，潛心學問，修身立命，盡倫盡性，便「愚可心智，濁可以清」。氣數——命運的變化，不完全在天，亦在乎人，在乎人自身後天的主觀努力。只有那些安分守命，自甘暴棄，不學習不求長進之人，才會愚不能智，濁不能清，陷於氣數的旋渦而不能自拔。從這種意義上說，關羽的認為有積極的意義，又是對宿命論的一種撞擊。

《世道章》第四，關羽說：

吾嗟世人，不忠不孝，不敬師長，不睦兄弟，夫婦不諧，朋友不義，不尊天地，不懼神明，不避三光，不重五穀，損人利己，殺生害命，姦淫詐逆，積微成著。諸如此類，神人共棄。先奪其魂，後殃其軀。舉世昏迷，自謂得計。一旦無常，悲悔何及。諦聽吾言，中有真義。

在這一章裡，關羽痛感人心不古、世道無常，備述了社會上的許多不良現象。他認為，世人處事中，不忠不孝、不敬不睦、不諧不義、不尊不懼、不避不重、損人利己、殺生害命、姦淫詐逆……諸如此類者，終歸是要「神人共棄」，毀其魂魄，禍其軀肉，即作惡者，必有所報。那些原本作奸犯科、自以為得計的人，一旦東窗事發，受到懲處，才悲悔莫及。他言外之意是十分明白的，就是希望世人抑制悖心，慎修倫常，無論是對待君王、親老、師長，還是兄弟、朋友、夫婦……都能各盡其道，自身就能獲福。社會上人人都能如此，世道就會改變。

《居處章》第五，關羽說：

人之居處，平安為福。勿奪他人，勿施詐謀。蛇蟲嫁孽，鳥鼠送妖。拋磚打石，驚雞弄犬，影脅夢逼，踰牆穴隙，鬼神昭鑒，庭戶不寧。夜嘯其梁，晝啖其室。小大惶惑，禍連骨肉。廝役牛馬，亦遭疾厲。諦聽吾言，轉凶為吉。

在這一章裡，關羽觀察了社會現象之後，向人們發出了誠懇的告誡：居處棲身，平安是福。不要生出貪心，對他人所有巧取豪奪，陰謀算計。世上那些損人利己之人，往往不擇手段，或以權勢奪取，或以奸謀竊掠，擴展基業，營造豪華，意欲為自己和子孫造福，殊不知，一旦陰謀敗露，就會結怨群眾，激怒鬼神，家戶不寧，禍殃骨肉，甚至僕役牛馬也會連帶遭殃。他勸誡這些人，「勿奪他人，勿施詐謀」。

《配育章》第六，關羽說：

世人配育，宜重合婚。三刑六害，隔角交侵。咸池天狗，寡宿孤神；艱於嗣息，遂至絕倫。不知生時，太乙在門。聖母衛房，司命在庭。或有冤衍，鬼魅禁忌。至於難產，母子俱廢。諦聽吾言，善念天理，光明正大，螽斯（螽斯，子孫眾多）可賦；子孫振振，有慶無虞。

在這一章裡，關羽談到人的婚配、生育問題。在中國的傳統道德觀念中，十分重視人倫，而在人倫中，尤重父子、夫婦關係。夫婦和諧，家室永宜，子孫繁衍，嗣續綿遠，是人們的共同心願。但是，並不是所有的人都能達到這一目的。究其原因，就是因為一些人違背了天理，事君不忠，事親不孝，居不仁，行不義，於是就要受到冥冥之中的懲罰。因此，他告誡人們在婚配問題上，應當遵循正當的婚姻，不要苟且。要「善念天理」，積善修德，因為善可消災，德可致福；還要「光明正大」，心地光明，立身正大，天理就會常存，就能「螽斯可賦，子孫振振，有慶無虞」。關羽的這一番說教，是要人們行善事、戒惡事，認為善惡有報，帶有濃厚的因果報應迷信色彩。

《修建章》第七，關羽說：

世人修建，不識陰陽。九壘七煞，犯之必傷。太歲將軍，鶴神太白，金神劍鋒，九良七

煞，黃旛豹尾，飛廉刀砧，主家眷屬，一切鬼神，若值興工，有一不戒，病疢喪亡。官府橫害。諦聽吾言，修德作善，百神可護，永世昌大。

在這一章裡，關羽認為，陰陽是有禁忌的。因此，在修建時，應該有擇選，避犯就宜。世上有的人，由於不識陰陽，在動工修建時，冒犯了九壘七煞等星象，因此，就會遭到禍殃。但是，上天佑護修德作善之人，只要修德作善，得到百神的庇佑，就可「永世昌大」。關羽在這裡把陰陽、風水那一套搬來，勸誡世人，和前一章一樣，迷信色彩也是很濃的。

《雨暘章》第八。雨暘是講天氣變化的，雨以潤物，暘（太陽出來）以乾物。關羽對此寫道：

天有雨暘（日出），時有豐荒。雨澤衍期，亢旱為殃。祝融煽禍，赤鼠遊城。海若失經，魚鱉不寧。天災流行，世所常有。諦聽吾言，修德以俟。

在這一章裡，關羽指出：天氣變化無常，有陰雨之時，也有日出之時。天雨適時，萬物滋潤，就會導致豐收；如果久旱無雨，旱魃為虐，就會遭到荒歲。雨水過多，也會成災。陰雨和亢旱的災害是世所常見的，只有修德可以應對，國家可以避免災害侵擾，個人也可以不受饑饉的罪殃。

《遊行章》第九。遊行章是講兵法的，關羽說：

軍戎遊行，國之大事。出師對壘，須識風雲。矢心忠義，鬼神呵衛，盜賊騁奸，風波系累；深山邃谷，虎狼出入；大海長江，蛟龍窟宅；幽枉有魂，劫數有會。諦聽吾言，正直無悔。

在這一章裡，關羽認為兵法是國家的大事，對此，他不講具體的軍事方術，而僅只是在宏觀上強調兩點：一是與敵軍作戰對壘中「須識風雲」。所謂識風雲，就是要有謀略，能夠識辨迅速變化的戰爭局勢，而採取適當的對策；二是「矢心忠義」。所謂「矢心忠義」，就是以忠義為精神支柱，忠心為國，心存社稷，矢志不渝。以忠促其智，以義奮其勇；智勇兼備，各種困難都不足慮，必能克敵制勝。

《符訟章》第十，關羽說：

人有符訟，亦命所值。天地年月，日主時刻。赤口白舌，皆有神司。出入舉動，須知避忌。朝有擊聒，夜有煎擣（偏狹）。面是背非，雀鼠生憂。怨詈（責 ）詛咒，獄訟繁興，謗讟（怨言）詆詬，刑憲具存。諦聽吾言，自反其心，作好作惡，皆己不仁。

在這一章裡，關羽表達了無訟之意。世人之間的爾虞我詐，爭訟不息，朝聒夜煎，面是背非，詛咒誹謗，公堂對簿，其原因在於俗眾之間的遇事不能謙讓。不謙讓又是由於心之不仁，心不仁就不能以禮相待，寬厚對人，相親相愛。所以，關羽強調以「仁」來遏制符訟之爭。這個「仁」的蘊意是相當寬泛的。

《疾病章》第十一，關羽說：

人有疾病，積久弗瘳（病癒）；沉臥枕席，其故何由？一心不明，五神無主。三生有劫，四大不舉。平日觸犯，古聖先賢；廟社靈壇，井灶第宅；起居不淨，供養不誠；冥魂冤枉，牽纏詛盟；前生結釁，怨毒交攻。諦聽吾言，誠心懺悔；善氣來迎，立超苦趣。

在這一章裡，關羽認為：人之所以患染疾病，是由於心不安、神不清所致。造成這種心神不安、不清的原因有「天」的因素，也有「人」的因素。陰陽失正，五行失宜，感染成疾病，這是「天」所造成的，經過醫藥治療，是可以痊癒的。但是，如果獲罪於天地鬼神，或者前世結怨，今世又供養不敬，從而導致疾病纏身，這是「人」自引發，雖醫藥、禱祀也不會有效用。在此，關羽又陷入因果、迷信的旋渦，做出了對疾病的唯心的認識。對減少疾病方面，關羽依然強調謹身修行、行善積德，達到減病消災的目的。

《命運章》第十二，關羽說：

人之命運，萬有不齊。富貴貧賤，各安其分。五行奇蹇，九曜更變，年逢刑沖，運或克戰，孤辰寡宿，羊及劍鋒，祿逢于敗，馬落於空。動用凶危，行藏坎壈（不得志），何以禳禦？自省其身。諦聽吾言，順守不忒。

在這一章裡，關羽談到了命運。與第三章「氣數」命題相同，而議論的側重點卻又不同。在「氣數」第三章裡，他強調人後天的努力可以改變先天的氣數，人有變化的主觀能動功能。而在此，他卻又認為人的命運本不一樣，不齊不整，有差有別，這是天意。他強調：「富貴貧賤，各安其分。」要求人們順守天命，自省其身，不要與命運進行抗爭。

《攝生章》第十三，關羽說：

人之攝生，須明道要。能屏眾欲，永除諸害。外想不入，內想不出；五臟清涼，六腑調泰。引炁（同「氣」）大和，注潤丹元。仍節飲食，法藥保延。諦聽吾言，以永無愆。

在這一章裡，關羽就養生之道發表了意見。由於人生理的本能與社會環境的影響，人會萌生出各種情慾，即通常所說的七情六慾。人一旦沉溺於貪求聲色、貨利……種種情慾之中，就要耗費精神，消磨體力，甚至影響、危及生命，這種人是不懂得養生之道的。養生之道最要緊的是摒棄自己的各種非分欲念，即存理遏欲，不為外部的誘惑所感染，不讓內心的欲念萌動爆發。非分的欲念平息了，陰陽之氣調和，五臟六腑安順，淡泊寧靜，心地泰然，再在飲食上節制，藥物上調理，就可以永遠消除病害，延年益壽，得到長生。

《瘟瘵章》第十四，關羽說：

天地瘟疫，二十有五。天地蠱毒，二十有四。癆瘵（病）之疾，三十有六。遭此大患，厥有其故。其故伊何？伏屍故氣，感召傳染，塚訟墓注。諦聽吾言，清心告天。上通三界，下徹九泉，追薦魂靈，超度祖先，藥餌期效，治在心田。

在這一章裡，關羽又談到了疾病。與疾病章節第十一所不同的是，他特別指出瘟疫，蠱毒、癆瘵在疾病中是對人危害最大的惡疾。患這些病的人是有原因的，或由於傳染得病，或由於神鬼作祟。對此，只有追薦亡靈，超度祖先，祭禱消災，藥餌治療。在這裡，關羽又對這些惡疾的產生與治療之法，做出了迷信鬼神、禳災免禍的錯誤解釋。

《太朴章》第十五，關羽說：

太朴既散，仁義乃興。禮樂爰作，奸邪斯行。六義既失，四民有爭。上不寬恕，下不忠貞，全家疾病，死亡橫生。消耗財物，累罹官刑。性命枉逝，災害相仍。穢雜交染，骨肉伶仃。如此世人，焉致和平。諦聽吾言，敦敘五倫。從謙從厚，必信必誠。守法守分，勿貪勿竟，災消禍滅，百福駢臻。

在這一章裡，關羽意欲勸誡世人返璞歸真。由於人心不古，禮樂崩，仁義失，淳樸的風俗散佚不存，孝友、睦姻、任恤六義（六行）不能遵循；在上的對下不能寬恕仁愛；在下的也對上不能忠貞輸誠，以致奸邪橫行，災禍頻繁，疾病侵襲，死亡威脅，爭訟不已……凡此種種，世人怎能友好和平相處？對這種社會積習的扭轉，關羽認為在順從謙厚、信誠方面做文章，導引世人循分遵法，不貪不竟，同歸禮讓，則能和氣致祥，世道也就會日隆，從而達到返璞歸真的目的。

《欲界章》第十六，關羽說：

吾觀欲界，群生無情。作多惡業，全無悔心。綱維圮裂，大數自傾。兵火四起，玉石俱焚。凶荒洪水，苛政煩刑。生意滅絕，人道將窮。極諸苦惱，何由離脫？諦聽吾言，毋自放逸。忠孝仁義，服膺弗失。一切善惡，皆由心造。為善福生，為惡禍報。

在這一章裡，關羽繼續依照上一章的意旨，針砭了「群生無情，作多惡業……人道將窮」的社會現象，認為造成這種社會現象的原因是欲念熾烈，失去本性，三綱四維，不能承守，為醫不忠，為子不孝，拋棄仁義，肆意而為。而矯治這種貪欲的方法，在於醫「心」，就是要人們速生悔悟之心，存理遏欲，牢記「為善福生，為惡禍報」的戒語，不要繼續沉溺於貪欲的無底深淵之中不能自我解脫。

《人生章》第十七，關羽說：

人之始生，受命於天。東斗主算，西斗記名；北斗落死，南斗上生；中斗大魁，總鑒眾靈。青帝護魂，白帝持魄；赤帝養氣，黑帝通血，黃帝中主，萬神無越。億劫混沌，幽冥形影，玉帝攝氣，靈風聚煙。千和萬合，自然成真。真中有神，長生大君。諦聽吾言，珍愛汝生。

在這一章裡，關羽認為人生受命於天賦，冥冥之中，有眾神靈護持，天地頤育，因此，人應該珍愛生命。如果自己不珍愛生命，敗壞五常，毀滅道德極情縱慾，就會得到罪罰。即使上天愛你，亦不能護佑你於永遠。

《業報章》第十八，關羽說：

世之業報，因何而成？刻薄一心，雜亂五情；更生疑惑，所為昏昧。倚恃邪行，背真就偽。不義不仁，不忠不孝。違逆天地，欺君伐國，奸佞肆侵，殘虐百姓。殺戮群生，戕賊物命，造諸罪惡。冤對無邊。動見患難，災禍橫集。人之行事，鬼神鑒臨。因汝罪釁，加汝陰刑。愚蠢不知，猶是妄行。諦聽吾言，安分養生。無貪無詐，無盜無淫，存心修己，夙夜以寧。念念弗失，福汝終身。

在這一章裡，關羽認為，人自身的所作所為，或作善行，或為惡行，都必然要得到報應。心存忠厚，篤行正直，忠孝仁義，愛民惜物，可以上不愧天，下不怍民，就可以獲得祥福好報。而「刻薄一心，雜亂五情」「不義不仁，不忠不孝」「殘虐百姓，殺戮群生」……種種惡行，就會得到惡報，「災禍橫集」「加汝陰刑」。因此，他諄諄告誡世人「安分養生，無貪無詐，無淫無盜，存心修己」，以求得到好的報應。

從關羽的《忠義經十八章》可以看出，這無疑是他的「勸世篇」。他以「忠義」為核心，通過對人生的各種問題發表自己的見解。既有從傳統倫理道德觀念方面的闡述，又有從因果報應、封建迷信方面的揮發，極力勸誡世人以忠義孝悌修身立命，為善去惡、返璞歸真。對此，我們應該從歷史、辯證的認識，揚其精華，去其糟粕。

《關聖帝君聖跡圖志全集》還載有《聖籤詩》共一百零一首，每簽由七言詩四句組成。據盧湛說，此《聖籤詩》也是關羽「自製」，並於清順治八年（一六五一）傳授給浙江寧波府延慶寺僧人善知識。這個僧人修行有方，悟徹因果，能夠與關羽的神靈會面、交談。關羽將《聖籤詩》面授給他，讓他傳行於世。這個傳說當然是很荒唐的。明顯是僧人作假，偽託關羽，欺騙世人。一些做學問的人竟也信以為真，抄刻流傳，毒害於人。大概也是對關羽的神靈執信不疑。

此外，據一九六一年香港刊行的《關聖帝君聖跡圖志全集》增集中，還收集了關羽的幾篇經文，題目為：

（一）《關聖帝君覺世真文》

（二）《關聖帝君降筆救劫永命經》

（三）《關聖帝君降筆真經》

（四）《關聖帝君應驗桃園明聖經》（上、中、下三卷）在《明聖經》中，有這樣的偈（佛經中的唱詞）語：

我本天樞第六星，臨凡欲使萬方寧。
形容雖去神猶在，留得精英震百靈。

這四篇經文的思想內容與文字語氣，宗教氣息十分濃重。總體來說，是勸世人多做善行、少做惡事，強調善有善報、惡有惡報。這種經文，顯然不是關羽其人能夠做出來的，稱它們是「關聖帝君聖靈降筆」，那就尤為荒唐可笑了。如果說這些經文出自宗教界的一些好事弟子之手，倒是完全可信的。而錄於《明聖經》中的這個偈語，說自己是「天樞第六星」下凡，目的在於使萬方安寧，「形容雖去神猶在」等等，純屬「神話」。類似這樣的經文，在許多地方都有刻印傳世。在國外也有傳刻。筆者手中就搜集到厚厚的鉛印本數冊，字數相當多。編印者稱作是「關帝御制文」。這種現象，與關羽被「神化」有直接關係。

書法遺存

民間有一種說法，關羽能書，張飛善畫。意思是說，關羽的字寫得好，張飛會繪畫，各有所長。

世間流傳有關羽書寫的十二個篆字：讀好書、說好話、行好事、做好人。這十二字書法是怎樣來的呢？

據湖北當陽市民間傳說：關羽在鎮守荊州時，曾諄諄告誡兒子關平：「凡將者，只好武，不識文，愚者也！」所以，關羽每日除教關平習武之外，還教他讀《春秋》，練習書法。彼時在當陽市西南方二十五公里處，有個黑土坡村。村裡有個土坡，長約一公里，由於土質肥沃，呈黑褐色，因而得名黑土坡。民間傳說《關聖帝君聖跡圖志全集》存錄關羽篆書：

讀好書、說好話、行好事、作好人

平曾在這裡練字學書法，因他每日練字洗筆，順手將洗筆之水從坡上往下潑，日久天長，山坡被染成了黑色。關平按關羽教導練武習文，進步很快。關羽見了，十分高興，揮毫給關平寫了這十二個篆字。而今當陽關陵裡仍有一通鐫刻此十二字的石碑。

此字本是關羽教子家訓，也是教誡世人的名言。所以，民間廣泛地流傳開來。筆者曾在眾多的關帝廟中看到這十二字的碑刻，在關羽的一些志書中也有版刻傳世。看那些書法字體，差異很大，有篆書、行書、草書等。是否為關羽手跡，或者說哪一種是關羽的手跡真跡，怕是很難辨識清楚了。

編撰《關聖帝君聖跡圖志全集》的清人盧湛對這十二個字有以下解釋：

世傳帝篆書十二字，宋朱文公（按：即南宋著名哲學家、教育家朱熹）嘗為之贊。然其書體凌雜不倫，或相傳既久，竟失其真，及後人附會為之，皆不可知也。夫帝以精忠大義傾慕古今，凡片言隻字，自宜奉諸拱璧，以昭後世。迨考正書法，頗復漢體。博雅君子辨之者，不病其妄也。

（《關聖帝君聖跡圖志全集》卷之二）

傳說，當初關羽書寫的十二個字是篆書。關羽的十二字篆書，筆者看到的有兩種。一種是盧湛編撰的《關聖帝君聖跡圖志全集》裡鏤刻的。這篆書是怎麼流傳下來的？盧湛得自何處？他都沒有說明，只稱其「凌雜不倫」，以為是「相傳既久，竟失其真」，或者是「後人以附會為之」，是真是偽，「皆不可知也」。盧湛本人也不敢確定。

另一種是藏於山西省運城市博物館的十二字篆書，分別鐫刻在四塊石碑上。由於沒有注明刻石年月，所以，具體年代不可考。極可能是明清時期的遺物，或者更早一些。石碑上的十二個篆字與《關聖帝君聖跡圖志全集》中的篆書不同。《關聖帝君聖跡圖志全集》中的十二個字，只有一種寫法，而石碑上僅「好」字就有四種不同的寫法。兩者比較，石碑上的字均為陰刻，而且要比《關聖帝君聖跡圖志全集》上的字生動、自然、古樸一些。在石刻十二字的碑上，還鐫刻有南宋著名學者朱熹的贊詞，對關羽的四句話做了贊述。贊詞為：

百聖在目，千古在心；妙者躬踐，（歌也）者口吟。——讀好書莠言虛妄，蘭言實杯；九蘭一莠，駟追不回。——說好話聖狂路口，義利關頭；擇言若遊，急行若郵。——行好事孔稱成仁，孟戒非仁；小人窮冬，巨人盛春。——做好人

《關聖帝君聖跡圖志全集》裡也輯錄朱熹的這些贊詞，題名為《篆跡贊》。明代絳州學者辛全也寫有《關帝篆贊》，其贊詞為：

志在春秋，豈但上口；遊夏之徒，蹚乎其後。——讀好書侃侃謝曹，諄諄為漢；一話一言，日天共貫。——說好話君臣友昆，一事不苟；取義成仁，古今誰偶。——行好事生為烈臣，歿為明神；聖賢天地，誠哉絕倫。——做好人

朱熹和辛全，從不同的角度，將關羽的十二個字做出了自己的理解和讚頌。

從朱熹寫《篆跡贊》來看，關羽的篆書十二字，在宋代或宋代以前，就有流傳，朱熹是接觸過的，而且，他深信不疑，很為欣賞。退一步說，他起碼對這十二字出自關羽之手深信不疑，否則，他就不會寫出這樣的贊詞。到了明代，辛全看到宋代學問大家朱熹都首肯關羽的篆跡，他也就要附和讚頌了。那麼，究竟如何認識關羽的十二字篆書？筆者思考再三，認

為：這四句話十二個字，有可能是關羽講過的。他的主旨精神與《忠義經十八章》所宣揚的思想是一脈相承的。至於書法，則極有可能如清人盧湛所說是「後人以附會為之」，不是關羽的手筆傳世。筆者對此也只能存疑，以求教於方家。

除這十二字篆書之外，《關聖帝君聖跡圖志全集》卷之二還刊印有「願天常生好人，願人常行好事」十二個篆字。盧湛解釋說：

世亦傳為帝語。此雖無所考據，然即云傳會，亦可謂言聖志哉！

盧湛更是不敢肯定，也只認為符合「關聖帝君」的意志。我們也就把它視為後人「附會」之作吧。

關羽的書法，據說在荊州也曾有遺存：

荊州府有帝親書「三秦雄鎮」四大字。匾題曰：郡主關某書。明萬曆初，有人易去其匾，地震三日，闔郡駭異。於是，百姓相率白郡守，仍懸之，遂止。

（《關聖帝君聖跡圖志全集》卷之二）

易匾引起地震的說法，只能說是演繹的故事，不能信的。現在，其匾已不存在。荊州為楚地，關羽長期鎮守荊州，為其書匾亦是可能。但是，為什麼書寫的是「三秦雄鎮」，令人不解。

按中國社會的傳統習慣來看，關羽生前是頗有地位之人，而且能書，因此，他有一些書法墨蹟流傳於世，是可能的，也很正常。但是，三國時期的東西要傳留至今，確屬不易，即使傳到明、清時期，也很困難。不過，我們從流傳下來的兩個十二字篆書，且不去說它墨蹟的真偽，就其思想內涵，對後人來說，還是頗有教益的。

畫竹之祖

松、竹、梅，被譽為「歲寒三友」，它們都是經得住風霜、嚴寒考驗的。愛松、愛竹、愛梅，是中國古代尚雅文士的風尚。宋代大詩人蘇東坡就有詩云：「可使食無肉，不可居無竹。無肉令人瘦，無竹令人俗。」

竹子，歷來被人們視為情操高尚的代表、象徵。據上海復旦大學伍蠡甫教授說，相傳中國最早畫竹的人是三國時期的關羽。他的這一說法是有據的。俞劍華先生編的《中國美術家人名詞典》稱：

關羽，字雲長，本字長生，河東解人。封漢壽亭侯，謚壯繆侯，有石刻畫竹，凜凜剛正。按《解州志》謂有石刻畫竹干霄。凡言畫竹者始自五代李夫人，不知實軔自羽也。

北京中國書店一九八二年版《中國畫家大辭典》也將關羽作為畫家錄入，條目文字與此大致相同。

何恭上先生在他主編的《中國美術史》第六章中，以「畫竹之祖的關羽」為題，寫道：

三國時代的繪畫也和漢代的繪畫一樣，對於重要的史實也僅僅是散見於各史書的記載。三國時代雖然又短又亂，可是留名後世的知名畫家卻不少。例如魏的曹髦、楊修、桓範、徐邈，蜀的關羽、諸葛亮，吳的曹偉與、趙夫人等，都是名列經傳的畫家。其中關羽也就是我們所熟知的關公，他最擅長畫竹，一時被稱為「畫竹之祖」。關公所畫的竹據說留有石刻。由此可見他的畫藝是如何的高超了。談到畫竹，大家都認為始於五代的李夫人，其實是由關公開其先河。

由此可見，關羽的畫竹傳說不是無稽之談，而是由來已久。說關羽善畫竹，也是推崇他的精神和情操。

世間尚未聞有關羽竹畫的真品遺存，關羽的石刻竹畫則是散見於各處。關羽的石刻竹畫，是風雨竹詩畫，即風竹詩畫和雨竹詩畫。除碑刻外還見於書籍。《關聖帝君聖跡圖志全集》鏤刻有此詩畫。風竹詩畫和雨竹詩畫均各為兩幅。每幅畫面都是一枝竹子，由竹葉錯綜組成一首五言詩。而《解梁關帝志》僅刻風竹詩畫兩幅，而未刻雨竹詩畫。

風竹畫詩為：

不謝東君意，丹青獨立名。
莫嫌孤葉淡，終久不凋零。

雨竹畫詩為：

大業修不然，鼎足勢如許。
英雄淚難禁，點點枝頭雨。

關於風雨竹詩畫的來歷，上述兩志都有記載。

《關聖帝君聖跡圖志全集》卷之二說：

考竹詩石刻，(明宣宗)宣德間，徐州創鐵佛寺，劚(掘地)地得之。在徐州得到的是石刻，而且是兩組四幅，即完整的風竹詩畫和雨竹詩畫。

《解梁關帝志》卷之一說：

相傳竹葉錯綜成文為五言一絕。詩曰：不謝東君意，丹青獨立名。莫嫌孤葉淡，終久不凋零。或曰：此關帝降鸞筆也。今刻於肥城（今山東省肥城市）李中丞所修廟中。

在肥城發現的竹詩畫是一組二幅，即風竹詩畫，沒有雨竹詩畫。說這詩畫是「關帝降鸞筆」，那是無稽之談，沒有道理。正是這一句「關帝降鸞筆」，使一些論者認為它是偽作。柯文輝認為，此畫是清代畫法，和宋人文與可、蘇東坡所畫不同，何況漢朝無寫竹出名的歷史人物。所題五絕也是「扶鸞筆也」。絕句一體，唐後才定格，南北朝詩人作品中僅個別人如庾信的個別小詩在格律上有偶合，絕非自覺運用平仄聲韻的產物。

斷言風雨竹畫是「清代畫法」，從而否定它，缺乏說服力。而且，顯然與《關聖帝君聖跡圖志全集》中的發現竹詩石刻是在明代宣德年間不符。再說「漢朝無寫竹出名的歷史人物」，從而否定關羽寫竹，也欠妥。筆者認為，認可關羽是「畫竹之祖」與他是否稱得上是「寫竹名家」那是兩碼事，不能等同。由於他是「畫竹第一人」，而稱之為「畫竹名家」，歷史地認定，也未嘗不可。

民間對於關羽畫風雨竹詩畫有兩個傳說。

一說是，此詩畫是關羽羈留許都時畫就的，畫竹言志，志存高潔。當他離開許都時，將詩畫送給曹操，以表明心跡。據說曹操見了風雨竹詩畫很高興，更加敬慕他的人品，便珍藏起來。

另一說是，當年關羽在原籍殺人逃亡後，他的夫人胡氏帶著兒子關平隱居在中條山下，胡氏每天教兒子關平習文練武。後來，關平長大後，關羽已經很有名望了。胡氏就讓關平去投奔他的父親。臨行時，胡氏採了些杏梅，又摘了兩枝竹枝，讓關平帶給關羽。胡氏的寓意是明白的，她和關羽青梅竹馬，愛情忠貞不渝。關羽看到杏梅和竹枝後，很動情，便繪出了風雨竹畫，並賦詩寄情，而將詩用竹葉繪寫在竹枝上。

不同的傳說，則意味著對風雨竹詩畫截然不同的認識和解釋。在中國不少關廟中都陳列有風雨竹詩畫碑刻。西安碑林、河南少林寺裡也有。不久前，筆者看到一篇文章，介紹在北京一處關廟中的風雨竹詩畫碑刻。還有文章介紹上海市松江文化館珍藏的清代鐫刻的風雨竹詩畫碑。在關羽故里山西省運城市博物館，現在也保存有兩種刻於不同年代的風雨竹詩畫石碑。碑上都未注明鐫刻時間，所以，年代都不能確定。一種年代顯然早一些，刻在兩塊正方形石上，長、寬都是〇點四七公尺，書有「漢夫子風雨竹」。另一種年代就要晚一些，碑為長方形，高〇點七九公尺，寬〇點三七公尺，一塊上旁書「漢夫子風竹」，另一塊上旁書「漢夫子雨竹」。但是，詩句組合起來卻是風竹畫詩句。這兩通碑為什麼會把風雨竹詩畫混到一起？就無法說清楚了。

上述這些關羽風雨竹詩畫，都是一枝成畫，而由兩枝分別獨立組成風竹詩畫和雨竹詩畫。但是，筆者一九九三年去洛陽、荊州等地關廟實地考察時發現，關羽的風雨竹詩畫還有另一種形式，即由直立的兩枝竹子交錯組成詩畫，這種畫法就別具一格了，不同於一般。而且，這些碑刻大都是新鐫刻的，原本為何？初刻於何年？當地人也說不清楚。

筆者認為：關羽畫風雨竹，是可能的。因此，歷史地稱他為「畫竹之祖」，也是可以的。因為，在他之前，尚未聽說誰畫過竹。但是，關羽畢竟不是專工丹青的妙手，對他的畫竹不能以書畫家的標準去要求他、衡量他。他畢竟只是一位戰將，像他的書法一樣，畫竹也只是偶爾為之。譬之過高，或是要求太高，都是不適當的。至於，對現今傳世的各種不同的關羽風雨竹詩畫做出「是」與「非」的判斷，那是相當困難的。因此，我們可以說：關羽的風雨竹詩畫也是留給我們的一個難以破譯的謎題。

第六章　文學藝術作品中的關羽形象

在陳壽的《三國志》裡，關羽雖然有傳，但是，對他的記載是很粗略的，這使後世一些對關羽十分崇拜的文人很是憤憤不平，認為陳壽是因其父原為馬謖參軍，在馬謖失街亭一事中受到諸葛亮連帶處理，因而對蜀漢抱有個人偏見，有意冷落關羽。這種說法是否確切，且不說它。但是，關羽的名字卻並不因陳壽的不著力插敘而湮沒，反而聲聞千古，顯赫於世。清人章學誠、胡應麟等認為在三國時期的眾多人物中，「關羽獨為婦孺所稱，則小說標榜之力」。他們把關羽顯名於古今，完全歸之於「小說標榜之力」，當然是不準確的，因為他們忽視了其他文學藝術形式如戲劇刻畫的關羽形象的巨大影響，以及歷代封建皇帝、統治集團為樹立這個形象所做的種種努力和各種教派對關羽的神化。

在文學藝術作品中所塑造的關羽典型藝術形象，所產生的社會效應，是不能低估的。古往今來，許多人都是透過文學藝術作品而不是透過歷史文獻走近和認識關羽的。

說話和話本《三分事略》、《三國志平話》中的關羽

唐、宋時，由於經濟發展，工商業繁榮，市場繁華，為適應城市市民文化娛樂需要，出現了說話藝術。所謂說話藝術，就是講說故事。而講說故事，則形成了各種流派，宋代有「說話四家」之說：即說經、說史、說合生、說小說，並各有特點。

在說史書這一流派中，講說三國故事是很盛行的，在市井中很受歡迎，並且產生很大影響。唐代詩人李商隱的《驕兒》詩中就有「或謔張飛胡，或笑鄧艾吃」之句，說明三國故事在唐代普通市民中引起廣泛興趣。到了宋代，蘇東坡《志林》也說：

話本《三分事略》

王彭嘗云，途巷中小兒薄劣，其家所厭苦，輒與錢，令聚坐聽說古話，至說三國事，聞劉玄德敗，頻蹙眉，有出涕者，聞曹操敗，即喜唱快。以是知君子小人之澤，百世不斬。

在說三國故事中，關羽、劉備及張飛就是經常被提及的人物。他們的形象，在說話藝人的口說中，開始被塑造。

「話本」是說話人的底本、憑依。說三國故事的話本就有了《三分事略》和《三國志平話》。《三分事略》是迄今發現的民間說話藝人最早的一個話本。是在元世祖至元三十一年（一二九四）由建安書堂刊印出版，分上、中、下三卷，約六萬字。版面設計為上、下兩欄。這是近年發現的講說三國故事話本的海內外僅存孤本。原書現藏於日本天理大學天理圖書館，中國國內有中華書局據天理圖書館藏本影印本，收錄入一九九二年出版的《古本小說叢

刊》中。

繼《三分事略》之後，在元英宗至治元年（一三二一）後又出現了新安虞氏刊印的《三國志平話》話本，它也分為上、中、下三卷。其版式也分為上、下兩欄，上欄為圖畫，下欄為文字，與《三分事略》版式相同。這種圖文並茂的版式，適應了當時市民讀者的需要。《三國志平話》比《三分事略》刊印時間晚二十七年。魯迅先生曾對《三國志平話》有這樣的評價：

惟文筆則遠不逮，詞不達意，粗具梗概而已……觀其率單之處，頗足疑為說話人所用之話本，由此推演，大加波瀾，即可以愉悅聽者，然頁必有圖，則仍亦供人閱覽之書也。

（《魯迅全集》卷九《中國小說史略》）

魯迅先生對《三國志平話》的評價，亦可移用於《三分事略》。兩種話本有相似之處。這兩種話本，是民間話說三國故事深入發展的產物。

筆者比較了兩種話本，認為它們具有民間文學藝術作品的樸實、通俗、簡練、口語化的特色，融歷史事實與民間傳說為一體，構築了三國故事基本情節，有聲有色，具有一定的藝術魅力。這兩個話本，既可供說話人據以講說三國故事，又是可供人閱讀的通俗讀物。它們刻印的底本大概就是說話人的手稿，沒有經過文人加工潤色，所以，文字顯得很粗糙。

《三分事略》和《三國志平話》基本上形成了三國故事的大框架。三國時期的主要歷史人物如曹操、孫權、劉備、諸葛亮等等，都在其中亮相。就關羽來說，他所經歷的一些重要事件，諸如桃園三結義、征戰黃巾軍、徐州交兵、土山被困、陷身曹營、白馬解圍、灞陵挑袍、千里走單騎、五關斬六將、三顧茅廬、赤壁大戰、水淹七軍等等，在話本中都有交代。

應該說，從民間藝人的話說三國故事，到《三分事略》和《三國志平話》話本成書，關羽這個人物在民間說唱藝術中，已經具備有一定的性格特徵，作為一個文學藝術典型來說，已見雛形。說話與話本《三分事略》和《三國志平話》所描繪的關羽形象，為其後出現的著名歷史小說《三國演義》以及戲劇藝術中關羽這個典型形象的塑造，打下了一個良好的基礎。

羅貫中筆下的「三絕」之一

羅貫中是元末明初小說家，名本，號湖海散人。對他的籍貫說法不一，有說是錢塘（今浙江省杭州市）人，有說是東平（今屬山東省）人，有說是廬陵（今江西省吉安縣）人，有說是山西太原人。在這幾種說法中，筆者認為，以山西太原人為是。一九九六年，在山西省祁縣西六支鄉河灣村農民羅瑞錄、羅巨川兩人家中發現的兩本《羅氏家譜》，記載了《三國演義》作者羅貫中的有關情況，同時，又在河灣村發現了與羅貫中有關的一批珍貴文物。祁縣在元、明、清時期均隸屬於太原府，位於太原府西南七十五公里。

《羅氏家譜》及有關文物在一九九七年經山西省文物委員會鑒定，對確定羅貫中是「太原人」，無疑是有價值的佐證。相信經過有關專家的研究，羅貫中的祖籍一定會得到最後確認。

羅貫中與關羽都是山西人。在羅貫中所處的那個年代，關羽的影響已經很大，民間傳說也很多，羅貫中對此一定會有所瞭解，從而對他寫作《三國演義》時塑造關羽這個人物產生了極大影響。

《三國演義》成書於元末明初。它從東漢末期漢靈帝中平元年（一八四）黃巾軍起義開始寫起，一直敘述到晉武帝太康元年（二八〇）吳亡為止，幾乎整整一個世紀。內容涉及東漢末期軍閥混戰，魏、蜀、吳三國鼎立，到晉實現全國統一，它既取材於正史，如陳壽的《三國志》、范曄的《後漢書》、習鑿齒的《漢晉春秋》，又吸收了民間口頭流傳的三國故事和民間藝人說三國話本《三分事略》和《三國志平話》，以及三國戲曲故事，這些素材經過綜合熔裁、再創作而成書。由於它是歷史小說，故不能不制約於歷史，但是它又不拘泥於歷史事實，往往在故事、人物方面有一些虛構，所以，人們歷來稱《三國演義》是「七分是實，三分是虛」，即歷史事實與演義虛構相糅合。

《三國演義》中描寫的人物非常多，而且，有一些性格鮮明、影響深遠的藝術形象。如董卓、呂布、貂蟬、曹操、孫權、劉備、諸葛亮、張飛、趙雲、黃忠、周瑜、魯肅、呂蒙、郭嘉、司馬懿等等。而關羽的形象尤為突出，被清代文學批評家金聖嘆稱為「三絕」之一——「義絕」（另二絕為曹操的「奸絕」，諸葛亮的「智絕」）。

魯迅先生在說到《三國演義》時，也曾指出：

> 至於寫人，亦頗有失，以致欲顯劉備之長厚而似偽，狀諸葛之多智而近妖；惟於關羽，特多好語，義勇之概，時時如見矣！
>
> （《魯迅全集》卷九《中國小說史略》）

的確如此，關羽在《三國演義》裡是被著力描寫的，而且是一個塑造得很成功的形象。由於《三國演義》的「七實三虛」，關羽在這裡只是一個文學作品裡的典型人物，他的形象，既有歷史真實的影子，又有作者虛擬的色彩，因此，絕不能把《三國演義》裡關羽的所作所為，

「完全」等同於歷史的關羽的真實。但是，由於《三國演義》塑造的關羽的文學形象，又實實在在地表現了歷史中關羽性格、行為的某些真實方面，因而，我們在看待文學形象中的關羽時，又不能完全置歷史於不顧。《三國演義》中的關羽既是歷史的，又是演義的。筆者之所以要對《三國演義》中的關羽形象進行評述，是為了探討這一文學藝術形象所產生的社會影響。

作為一個文學典型形象，羅貫中著力於宣揚關羽的「忠義」思想，把他描繪成一個身體力行「忠義」的偶像，謳歌了他「義貫千古」的重義特質。

「宴桃園豪傑三結義」，羅貫中從開篇第一回就把劉備、關羽、張飛推到了讀者面前，並為他的人物刻畫奠定了基調。在當時，都是「一介寒微」的劉備、關羽、張飛，由於情投意合，結為異姓兄弟，並盟誓說：「不求同年同月同日生，只願同年同月同日死。皇天后土，實鑒此心。背義忘恩，天人共戮！」強調他們三人的結合是一種「義聚」。

後來，故事的發展，無論是劉備、張飛，還是關羽，都恪守著初始的這一誓言，而關羽表現得尤為突出。作者從第二十五回開始，直到第二十八回，用很長的篇幅極力美化、塑造關羽的「忠義」性格。

在第二十五回「屯土山關公約三事，救白馬曹操解重圍」中寫道：下邳之戰關羽失利，被曹操團團圍困於土山上，關羽提出三個投降條件：即降漢不降曹、贍養劉皇嫂和一旦知道劉備去向，不管千里萬里，便當辭去。在這三個條件中，最重要的是第一和第三條，是體現了關羽品格特點的。曹操接受了他的條件，因此，他隨曹操去了許都。在許都期間，曹操對關羽進行百般籠絡，三日一小宴，五日一大宴，送美女，贈金銀，但是，關羽並不為之所動。

最能說明問題的是兩件事。

一是曹操贈錦袍給關羽：

一日，操見關公所穿綠錦戰袍已舊，即度其身品，取異錦作戰袍一領相贈。關公受之，穿於衣底，上仍用舊袍罩之。操笑曰：「雲長何如此之儉乎？」公曰：「某非儉也。舊袍乃劉皇叔所賜，某穿之如見兄面，不敢以丞相之新賜而忘兄長之舊賜，故穿於上。」操嘆曰：「真義士也！」

二是曹操送戰馬給關羽：

忽一日，操請關公宴。臨散，送公出府，見公馬瘦，操曰：「公馬因何而瘦？」關公曰：「賤軀頗重，馬不能載，因此常瘦。」操令左右備一馬來。須臾牽至。那馬身如火炭，狀甚雄偉。操指曰：「公識此馬否？」公曰：「莫非呂布所騎赤兔馬乎？」操曰：「然也。」遂並鞍轡送與關公。關公再拜稱謝。操不悅曰：「吾累送美女金帛，公未嘗下拜；今吾贈馬，乃喜而再拜；何賤人而貴畜耶？」關公曰：「吾知此馬日行千里，今幸得之，若知兄長下落，可一日而見面矣。」操愕然而悔。

這兩件事很能說明關羽重義、重然諾的特質。他身困許都備受曹操眷顧、恩賜，仍念念不忘故主劉備，這就是所謂「身在曹營心在漢」。

在第二十六回「袁本初敗兵折將，關雲長掛印封金」中，關羽得知劉備在袁紹處，便立即表示了要去投奔之意。關公曰：「人生天地間，無終始者，非君子也。吾來時明白，去時不可不明白。」

關羽去丞相府拜辭曹操，曹操避而不見；去見張遼，張遼也托疾不出。關羽知道曹操是不允許他走。但是，他去意已定，便寫了封信給曹操：

> 寫畢封固，差人去相府投遞；一面將累次所受金銀，一一封置庫中，懸漢壽亭侯印於堂上，請二夫人上車。關公上赤兔馬，手提青龍刀……徑出北門……關公怒目橫刀，大喝一聲，門吏皆退避。關公既出門，謂從者曰：「汝等護送車仗先行，但有追趕者，吾自當之，勿得驚動二位夫人。」從者推車，望官道進發。

在這裡，作者突出地刻畫了關羽心地坦蕩、來去光明磊落的言行，以及恪守信義的堅定性。

這一系列的描寫，充分表現了關羽貧賤不移、富貴不淫、威武不屈的特質，這正是人民群眾所喜愛、讚頌的特質。

關羽被美化為「義」的化身。關羽的「義」不唯表現在劉備、關羽、張飛三人的情感連結上，而且也表現在對他的敵人曹操身上。在《三國演義》第五十回「諸葛亮智算華容，關雲長義釋曹操」中，諸葛亮「智算」曹操兵敗後要從華容道退去，他又夜觀乾象，知道曹操命不該亡，就差關羽去華容道扼守，把放走曹操的人情，留給他去做。果然，曹操兵敗後就奔這裡來了：

> 言未畢，一聲炮響，兩邊五百校刀手擺開，為首大將關雲長，提青龍刀，跨赤兔馬，截住去路。操軍見了，亡魂喪膽，面面相覷。操曰：「既到此處，只得決一死戰！」眾將曰：「人縱然不怯，馬力已乏，安能復戰？」程昱曰：「某素知雲長傲上而不忍下，欺強而不凌

弱；恩怨分明，信義素著。丞相舊日有恩於彼，今只親自告之，可脫此難。」操從其說，即縱馬向前，欠身謂雲長曰：「將軍別來無恙！」雲長亦欠身答曰：「關某奉軍師將令，等候丞相多時。」操曰：「曹操兵敗勢危，到此無路，望將軍以昔日之情為重。」雲長曰：「昔日關某雖蒙丞相厚恩，然已斬顏良，誅文醜，解白馬之圍，以奉報矣。今日之事，豈敢以私廢公？」操曰：「五關斬將之時，還能記否？大丈夫以信義為重。將軍深明《春秋》，豈不知庾公之斯追子濯孺子之事乎？」雲長是個義重如山之人，想起當日曹操許多恩義，與後來五關斬將之事，如何不動心？又見曹軍惶惶，皆欲垂淚，一發心中不忍。於是把馬頭勒回，謂眾軍曰：「四散擺開。」這個分明是放曹操的意思。操見雲長回馬，便和眾將一齊衝將過去。雲長回身時，曹操已與眾將過去了。雲長大喝一聲，眾軍皆下馬，哭拜於地。雲長愈加不忍。正猶豫間，張遼縱馬而至。雲長見了，又動故舊之情，長嘆一聲，並皆放去。

這一段文字，是從另一個角度表現關羽重義的特質。說明關羽對義的理解和身體力行，是寬泛的，絕不僅僅限於他們結義兄弟三人的小集團之內。他義釋曹操是冒著掉腦袋的危險的，因為他行前立過軍令狀，置生死於不顧，符合儒家「捨生取義」的道德原則，這對於刻畫關羽的性格，又是相當成功的。

關羽這種重「義」的特質，無論是表現在劉備、關羽、張飛三者「兄弟而君臣」方面，還是表現在華容道放走曹操方面，都夾雜著濃厚的封建忠君、報恩思想。但是，我們歷史地看待關羽這一文學形象，作者這樣「理想地」描繪他，是完全合乎情理的，他不能超越歷史，也不能超越傳統的倫理道德觀念。而且，關羽重「義」的特質，既得到歷代統治者的肯定和宣揚，也得到了人民群眾的認可和尊崇。不過，統治階級和人民群眾是從不同的意義上來理解關羽這一重「義」特質的。

作為一個文學典型形象，羅貫中還耗費了大量筆墨來描繪關羽的神勇行為，突出地表現了他「萬人之敵」「超群絕倫」的英雄氣概。作者是通過不同的場面來完成對關羽神勇氣概的塑造的。

首先是「溫酒斬華雄」（《三國演義》第五回）。當時，董卓手下大將華雄率兵來與諸侯兵馬交戰，一連斬殺了多名戰將。華雄因之耀武揚威，不可一世，眾諸侯束手無策：

眾皆失色，（袁）紹曰：「可惜吾上將顏良、文醜未至！得一人在此，何懼華雄！」言未畢，階下一人大呼出曰：「小將願往斬華雄頭，獻於帳下！」眾視之，見其人身長九尺，髯長二尺，丹鳳眼，臥蠶眉，面如重棗，聲如巨鐘，立於帳前。紹問何人。公孫瓚曰：「此劉玄德弟關羽也。」紹問現居何職。瓚曰：「跟隨劉玄德充馬弓手。」帳上袁術大喝曰：「汝欺吾眾諸侯無大將耶？量一弓手，安敢亂言！與我打出！」曹操急止之曰：「公路息怒。此人既出大言，必有勇略；試教出馬，如其不勝，責之未遲。」袁紹曰：「使一弓手出戰，必被華雄所笑。」操曰：「此人儀表不俗，華雄安知他是弓手？」關公曰：「如不勝，請斬某頭。」操叫釃熱酒一杯，與關公飲了上馬。關公曰：「酒且斟下，某去便來。」出帳提刀，飛身上馬。眾諸侯聽得關外鼓聲大振，喊聲大舉，如天摧地塌，嶽撼山崩，眾皆失驚。正欲探聽，鸞鈴響處，馬到中軍，雲長提華雄之頭，擲於地上。其酒尚溫。

當時，還只是一個小小馬弓手的關羽，在兩軍陣前抖擻精神，顯施英勇，「酒尚溫時斬華雄」，將董卓手下的驍將華雄的人頭置於驚措中的眾諸侯帳前，建立了「威震乾坤第一功」。這一行動的前前後後，關羽何其神勇！

其次是斬顏良、誅文醜（《三國演義》第二十五回）。顏良和文醜都是河北軍閥袁紹麾下心愛的戰將。當華雄耀武揚威時，袁紹就曾感嘆顏良、文醜不在身邊，否則，華雄是不足懼怕的。這是袁紹明白地表示，他的這兩員愛將更勝華雄一籌。作者羅貫中這樣描寫，實際上，是為後來關羽斬顏良、誅文醜埋下了伏筆。在曹操與袁紹兩軍於白馬坡對壘時，那顏良果然厲害，連斬曹操二將，連曹操手下的驍將徐晃與之交戰，也敗下陣來。於是，曹操便請關羽助陣。關羽果然不負眾望，一上陣就策馬敵營，於萬軍中刺顏良於馬下：

曹操指山下顏良排的陣勢，旗幟鮮明，槍刀森布，嚴整有威，乃謂關公曰：「河北人馬，如此雄壯！」關公曰：「以吾觀之，如土雞瓦犬耳！」操又指曰：「麾蓋之下，繡袍金甲，持刀立馬者，乃顏良也。」關公舉目一望，謂操曰：「吾觀顏良，如插標賣首耳！」操曰：「未可輕視。」關公起身曰：「某雖不才，願去萬軍中取其首級，來獻丞相。」張遼曰：「軍中無戲言，雲長不可忽也。」關公奮然上馬，倒提青龍刀，跑下山來，鳳目圓睜，蠶眉直豎，直衝彼陣。河北軍如波開浪裂，關公徑奔顏良。顏良正在麾蓋下，見關公衝來，方欲問時，關公赤兔馬快，早已跑到面前；顏良措手不及，被雲長手起一刀，刺於馬下。忽地下馬，割了顏良首級，拴於馬項之下，飛身上馬，提刀出陣，如入無人之境。河北兵將大驚，不戰自亂。

關羽在萬軍陣前刺顏良於馬下，一舉一動，十分自信、瀟灑、勇武。

後來，關羽刀劈文醜，又是一番景象（《三國演義》第二十六回）：

操在土阜上指曰：「文醜為河北名將，誰可擒之？」張遼、徐晃飛馬齊出，大叫：「文醜休走！」文醜回頭，見二將趕上，遂按住鐵槍，拈弓搭箭，正射張遼。徐晃大叫：「賊將休放箭！」張遼低頭急躲，一箭射中頭盔，將簪纓射去。遼奮力再趕，坐下戰馬，又被文醜一箭射中面頰。那馬跪倒前蹄，張遼落地。文醜回馬復來，徐晃急輪大斧，截住廝殺。只見文醜後面車馬齊到，晃料敵不過，撥馬而回。文醜沿河趕來。忽見十餘騎馬，旗號翩翩，一將當頭提刀飛馬而來，乃關雲長也，大喝：「賊將休走！」與文醜交馬，戰不三合，文醜心怯，撥馬繞河而走，關公馬快，趕上文醜，腦後一刀，將文醜斬下馬來。

這一仗，關羽又充分表現了他神奇、英勇的大將風度。隨後，在千里走單騎、過五關斬六將、古城城外殺蔡陽等一系列場面中，又將關羽的英勇善戰表現得淋漓盡致。關羽此行，匹馬單槍，遇到了曹操各處扼守關隘戰將的攔，而他毫不畏懼，一連闖過東嶺、洛陽、汜水、滎陽、黃河渡口等關卡，刀劈孔秀、韓福等曹操六員戰將。對此曹操並不介意，還特地派了張遼遠遠趕來，傳諭各處，關羽行走，送了個人情給他。老蔡陽太不識相，硬是要趕來與關羽爭鋒，只落得在古城城前搭上自己一顆人頭。千里單騎、五關斬將，這一路，關羽真是天馬行空，揮灑自如，誰也奈何不得，落得個「忠義慨然沖宇宙，英雄從此震江山」。關羽的英勇氣概，還在第六十六回的「單刀赴會」中得到了充分表現。當東吳大將魯肅使人來邀關羽陸口相會時，關平、馬良等人都勸他不要前去赴會，關羽卻不以為然，決心要獨駕小舟，單刀赴會：

雲長曰：「吾於千槍萬刃之中，矢石交攻之際，匹馬縱橫，如入無人之境；豈憂江東群鼠乎！」馬良亦諫曰：「魯肅雖有長者之風，但今事急，不容不生異心。將軍不可輕往。」雲長曰：「昔戰國時趙人藺相如，無縛雞之力，於澠池會上，覷秦國君臣如無物；況吾曾學萬人敵者乎！既已許諾，不可失信。」……次日，肅令人於岸口遙望。辰時後，見江面上一隻船來，梢公水手只數人，一面紅旗，風中招颭，顯出一個大「關」字來。船漸近岸，見雲長青巾綠袍，坐於船上；傍邊周倉捧著大刀；八九個關西大漢，各跨腰刀一口。魯肅驚疑，接入庭內。敘禮畢，入席飲酒，舉杯相勸，不敢仰視。雲長談笑自若。

關羽和魯肅就荊州問題唇槍舌劍交鋒之後，便趁機結束這場「戲」：

雲長右手提刀，左手挽住魯肅手，佯推醉曰：「公今請吾赴宴，莫提起荊州之事。吾今已醉，恐傷故舊之情。他日令人請公到荊州赴會，另作商議。」魯肅魂不附體，被雲長扯至江邊。呂蒙、甘寧各引本部軍欲出，見雲長手提大刀，親握魯肅，恐肅被傷，遂不敢動。雲長到船邊，卻才放手，早立於船首，與魯肅作別。肅如癡似呆，看關公船已乘風而去。

在這個故事裡，關羽與魯肅的形象成為鮮明的對照。魯肅設下圈套，陰謀誘殺關羽，以奪回荊州。關羽光明磊落，單刀赴會，毫無畏懼之意，突出表現了關羽臨危不懼、勇往直前，自信能制服對手安全而歸的英雄氣概。而魯肅見關羽便心懷疑忌，不敢正眼看他。魯肅雖為主人，左右有千軍萬馬，卻嚇得魂不附體。關羽僅有周倉和幾個關西大漢跟隨，卻威風凜凜地來而復去，如入無人之境。顯然，關羽內在的那種「神威」佔據著上風。作者筆下的關羽，不但在血雨腥風的戰場上是個叱吒風雲的猛將，就是談判桌上，也是一個膽識過人、謀略超凡的英雄。

作者就是透過這些故事情節，把關羽刻畫成一個勇武的英雄形象。

作為一個文學典型形象，羅貫中並沒有一味描寫關羽性格特質好的一方面，而且，也批判地描寫了關羽性格的缺陷方面，如剛愎自用、驕傲自負等等。

關羽在荊州聞知西涼馬超歸順劉備後，被劉備封為平西將軍，心裡很不受用，就差了兒子關平送書信給劉備，要與馬超比武藝一決高低。後來，是諸葛亮回復了他一封信，指出馬超雖然勇武，但不過是黥布、彭越一流，稱關羽「絕倫超群」，使他驕傲自負的虛榮心得到了滿足，便不再提入川比武的事了。

在出征樊城前，由於傅士仁、糜芳飲酒導致帳後失火，關羽撲滅大火後，就要將傅、糜二人斬首。經費詩勸解，才將二人予以免死，杖責四十大棍，罰他們分別去守南郡和公安，並留下話來：「吾若得勝回來之日，稍有差池，二罪俱罰！」（《三國演義》第七十三回）由於關羽對此二人的處置不當，促使二人後來投降了東吳，成為關羽後來走向失敗的原因之一。

在處理與東吳孫權的關係上，關羽也顯得粗糙、魯莽、自負而缺乏遠慮。他視東吳眾人為「群鼠」，不把他們放在眼裡。孫權差諸葛瑾過江來為他的兒子求親，表示「兩家結好，並力破曹」，關羽聽了大怒：

「吾虎女安肯嫁犬子乎！不看汝弟之面，立斬汝首！再休多言！」遂喚左右逐出。瑾抱頭鼠竄，回見吳侯，不敢隱匿，遂以實告。權大怒曰：「何太無禮耶！」便喚張昭等文武官員，商議取荊州之策。

（《三國演義》第七十三回）

關羽傲慢、簡單、粗暴地拒婚，使孫、劉可能緩和的矛盾加劇，影響到脆弱的孫、劉聯盟關係，使關羽出兵北征之際，在他的後方出現了一個潛在的隱患。東吳孫權終於在關鍵時刻出兵襲取荊州，直接導致了關羽的失敗。至此，孫、劉聯盟關係徹底破裂、解體。

對關羽這個典型人物，羅貫中做了有限度的批判描寫，他的筆墨仍然是著力於他的「忠義」和「勇武」方面。

戲曲舞臺上的紅臉關羽

關羽這個歷史人物，不僅進入了民間說唱藝人的口頭文學以及說三國故事的話本《三分事略》、《三國志平話》和歷史小說《三國演義》中，而且，走上了戲曲舞臺。

中國的戲曲是一門源遠流長、異彩紛呈的藝術。在戲曲舞臺上被塑造亮相的千百藝術形象，在古往今來難以計數的觀眾中，留下了極為深刻的印記。許許多多的角色如包拯、曹操、諸葛亮、秦香蓮、楊家將……家喻戶曉，街談巷議，有口皆碑。關羽也是其中之一。

關羽形象大量出現在戲劇舞臺上，是在宋、元時期。中國戲曲藝術逐漸形成之際，元雜劇中，就有《單刀赴會》、《西蜀夢》、《關雲長大破蚩尤》等多種關羽劇本。到明、清時期，就更多了。這些戲的劇情一部分取自民間傳說，大部分則取自於《三國志》或《三國演義》。在中國戲劇發展的歷史過程中，曾經出現過「三國戲」熱，這無疑是由於三國故事經過口頭與話本的廣泛傳播，為群眾所喜聞樂道，從而引起戲劇界的重視，將大量生動有趣的故事編成劇本，搬上舞臺。許多著名的劇種，都有相當數量的「三國戲」，其中包括「關公戲」。以關羽家鄉的蒲州梆子為例，「三國戲」有記載的就有八十八出，其中，「關公戲」有十八出。著名的劇目有《出五關》、《古城會》、《出許昌》、《挑袍》、《水淹七軍》、《單刀會》、《斬貂蟬》、

《走麥城》等。

京劇裡的「三國戲」和「關公戲」就更多了。據陶君起先生編著的《京劇劇碼初探》中列出的「三國戲」劇目有一百五十四出，其中，以關羽形象為主角或配角的戲則有二十三出。作為歷史人物，在戲劇舞臺上能夠有這麼多的機會與眾多的觀眾見面，是不多見的。與關羽同時代的諸葛亮、曹操在戲劇舞臺上也屬於熱門人物，但是，從數量上說也不能與關羽相抗衡，他們的戲都少於關羽。

在戲劇舞臺上，關公的形象均是完美的英雄形象，即使是在《走麥城》裡，他也是一位失敗的英雄，他還要顯靈報仇，英雄豪氣不減當年，誠可謂：「生當作人傑，死亦為鬼雄。」(宋．李清照)

「三國戲」中的「關公戲」很多，而且，在傳統劇碼中佔有一個特殊重要的位置，筆者不能一一去加以分析。由於關羽在這些戲曲中，總是以莊嚴、威武、豪邁的英雄形象出現，扮演關羽這一人物又有獨特的裝扮、獨特的唱法、獨特的功架身段，因此，紅臉關羽就成為戲曲舞臺上一個獨具特色的典型藝術形象，受到廣大觀眾的喜愛。眾多的「關公戲」久演不衰，得以保留下來。戲曲這種廣大群眾喜聞樂見的藝術形式所塑造的紅臉關羽形象，在群眾心中所產生的影響是不亞於小說《三國演義》的。在形成關羽「獨為婦孺所稱」的文化現象中，戲曲的渲染作用也是不可低估的。前人對戲曲的教化、影響作用曾有這樣的議論：

明劉宗周《人譜類記》卷下有云：「今之院本，即古之樂章也。每演戲時，見有孝子、悌弟，忠臣、義士，激烈悲苦，流離患難，雖婦人、牧豎，往往涕泗橫流，不能自已。旁觀左右，莫不皆然。此其動人最懇切、最神速，較之老生擁臯比講經義，老衲登上座說佛法，功效更倍。」王陽明先生曰：「古樂不作久矣。今之戲子，尚與古樂意思相近。」門人請問，先生曰：「……聖人一生實事，俱播在樂中，所以有德者聞之，便知他盡善盡美……若後世作樂，只是做些詞調，於民俗風化絕無關涉，何以化民善俗。」今要民俗返樸還純，取今之戲子，將妖淫詞調俱去了，只取忠臣孝子故事，使愚俗百姓人人易曉，無意中感邀他良知起來，卻於風化有益。

（《關聖帝君聖跡圖志全集》增集）

劉宗周和王陽明都講到了戲曲藝術的潛移默化作用。就「關公戲」來說，除了戲曲故事情節本身所體現的思想意識、道德觀念給觀眾以教化之外，就關羽這一人物形象來說，也在觀眾心中產生了極為廣泛的影響，關羽忠義仁勇的化身出現在舞臺上，面對萬千觀眾，必有益於風化。戲曲本來是一種藝術形式，是為了娛樂人民群眾文化生活的，但是「關公戲」卻曾遭禁演。明、清兩朝及前代都曾禁演過「關公戲」。清人周壽昌在《思益堂日劄》中稱：

昔金章宗禁優人不得以前代帝王為戲及稱萬歲，最為得之。今都中演劇，不扮漢壽亭侯，或表演三國傳奇有交涉者，即以關將軍平代之。

清人董含在《三岡識略》中說：

明洪武二十二年（一三八九）榜文云：「娼優演劇，除神仙、義夫、節婦、孝子、順孫，勸人為善，及歡樂、太平不禁外，如有褻瀆帝王聖賢，法司拿究。」

清人楊恩壽在《詞餘叢話》中云：

關帝升列中祀，典禮綦隆，自不許梨園子弟登場搬演。京師戲館，早已禁革。湖南自塗朗軒督部陳臬時，始行示禁。

這種禁演「關公戲」之舉，是統治階級認為關羽是「聖」、是「帝」，而由娼優扮演做戲，實為褻瀆。從現今的眼光來看，這種看法當然是可笑的，而在那個時代，卻又被視為是神聖的、嚴肅認真的。對聖賢，對大帝，誰敢大不敬？誰敢當作兒戲？不過，從實際情況來看，這種禁戒並沒有被很好地實施，因為，「關公戲」終究還是長演不衰，而且有些劇碼還成為保留劇目就是明證。

在演出「關公戲」時，各個不同的劇種都很重視，有許多講究，有一些清規，這也與關羽這個人物被神化有密切的關係，演員對他扮演的這個角色，有著一種崇敬與畏懼交織的複雜心態。如蒲州梆子演「關公戲」，關羽的臉譜就有嚴格的規矩，即全紅臉勾鼻線，表示人物忠勇、正直、豪邁、坦蕩的性格特徵。在演出時，每次開場關羽登臺亮相，要由戲班的拉場在出將口點燃一張加有松香的黃表紙，名為「火彩」，既表示對關羽的敬重，也表示一種祈願，希望演出吉利，順利成功，不要出現什麼意外的閃失。而關羽登場演出時，眼睛總是閉著為好，因為，據說關羽只要一睜眼就要殺人。這種種講究長期沿襲，劇團、演員都自覺而虔誠地恪守著，不敢破壞規矩。演「關公戲」的演員，為了表現關羽「剛、正、義、勇、節」的道德精神，常常是連續演出《屯土山》、《贈赤兔》、《掛印封金》、《挑袍》、《出五關》、《古城會》、《華容道》等七本戲，把關羽活靈活現地再現在舞臺上。

在其他一些劇種中，演出「關公戲」也有一些講究，如扮演關羽的演員要沐浴、焚香、燃放爆竹，等等。這種現象，充分表現了演員，甚至包括一些觀眾對關羽這個被神化了的文學藝術形象的神祕、敬畏的心態。據說，有些演員由於某種原因未能恪守這種「戒律」，在演出時就會失手，出現意外事故。三十年前有位粵劇演員新珠擅長演「關公戲」，從來沒有過失手出事。有一次，他演出《水淹七軍》時，在舞臺上揮舞青龍偃月刀，突然脫力。新珠當即自知其身不潔才有這般失誤。他立刻到關帝像前認錯，改換別刀，才順利演完。從此之後，新珠再演任何「關公戲」都不敢馬虎，總要一一認真從事。一九四九年，關氏後裔、名演員關德興在越南三多戲院演出《守華容》，由於趕場緊，他來不及沐浴，便著裝登臺演出，結果，他一登場就馬步不穩，一膝跪下，盔頭與髯口都跌落，膝蓋也受傷。關德興當即認罪自身不潔後，才將戲演完……這些演員在演出中偶然失手的現象，是常見的，並不足怪。我們完全可以用「偶然巧合」來解釋，但是，扮演關羽的演員，由於存在對這位人物的敬畏心理，所以，在失手後，便從自身找原因，認為是自身對關羽不敬，因冥冥之中關羽神靈的不滿，才造成這些失誤。他們有過一次失誤，在以後的演出中就更加小心謹慎，一絲不苟，不再出差錯。

演「關公戲」的演員，儘管恪守著一定的清規戒律，但是，他們在塑造關羽這個舞臺藝術形象時，都從自己對這個人物的不同理解、認識，從臉譜、扮相、唱腔、做功等方面，不斷予以改革、創新，以達到他們自認為美好的程度，並贏得觀眾的認可。眾多戲曲工作者，在戲劇舞臺上塑造的紅臉關羽形象是成功的，具有典型意義，使關羽這個人物成為戲劇舞臺上的一個偶像，並深深地烙印在觀眾的心中。

詩詞楹聯碑刻對關羽的描繪、讚頌

對關羽典型形象的構築，小說、戲曲等的作用是非常突出、明顯的。但是，在文學藝術的其他方面，諸如詩詞、楹聯、碑刻、序跋、文論等等，對關羽的描繪、宣傳、頌揚，所產生的社會效應，也是不能低估的。在關羽「獨為婦孺所稱」中，它們也極為廣泛地發揮了自己的作用。只不過是，過去很少有人從這個方面進行分析、探討。

一、詩詞

歷代的官僚、詩人、學者寫有大量的詩詞頌揚關羽。這類詩詞到底有多少？很難說清。僅從筆者手邊的兩部書來說，在《關聖帝君聖跡圖志全集》中收錄有一百六十多首；《解梁關帝志》中收錄有一百二十多首（其中有重複）。散存在各地方志或個人集子中的還有不少。這種經歷許多朝代、有很多人為之寫詩的歷史人物是不多見的。這些詩詞基本上都是一個傾向，歌頌關羽忠、義、仁、勇的精神，威震華夏、彪炳史冊的功業，哀傷其中道敗亡的不幸。

唐代詩人，大曆十才子之一的郎士元，寫有一首《壯繆侯廟別友人》五言古詩：

將軍稟天姿，義勇冠今昔。
走馬百戰場，一劍萬人敵。
誰為感恩者，竟是思歸客。

流落荊巫間，裴回故鄉隔。
離筵對祠宇，灑酒暮天碧。
去去勿復言，銜悲向陳跡。

宋人張商英，曾任尚書右僕射，他寫有《詠辭曹事》一首：

月缺不改光，劍折不改鋩。
月缺白易滿，劍折尚帶霜。
勢利尋常事，難屈志士腸。
男兒有死節，可殺不可量。

金人張珣寫有《義勇行》詩：

憶昔天下初三分，猛將並驅誰軼群。
桓桓膽氣萬人敵，臥龍獨許髯將軍。
威吞曹瞞欲還許，中興當日推元勳。
惜我壯繆功不就，竟令豺兕還紛紛。
血食千年廟貌古，歲時歌舞今猶勤。
君不見，天都靈武巢未覆，撫髀常思漢壽君。

元人火魯忽達的一首《謁解州廟》詩寫道：

來謁崇寧廟，遺容古貌寒。

奮戈扶漢祚，斬將報曹瞞。
忠烈條山並，英烈解土安。
未能並吳魏，常使後人嘆。

元人李鑒寫有一首《題大王塚》詩：

炎漢安危佩此身，垂成功業委枯榛。
傳麋懼罪生狂計，蒙遜陰謀謬見親。
自許以南皆失望，吞吳而下豈無因。
三分往事成陳跡，椽筆稱量自有神。

明人王世貞，曾任刑部主事。他寫有《題關帝四畫》詩四首，敘述關羽生前事蹟、死後傳說：

〈馘顏良〉

韔門黑纛（大旗）草頭靡，漁陽突騎俄已矣。
砉然一聲如裂兕，刀纓絓髮鋒血洗。
白馬城頭鼓初起，北人魂奪南人喜。
兗州冀州兩國賊，委質酬恩竟誰是。
有身終為豫州死。

〈破七軍〉

鯨波漲天天為赤，鼉（鼉）鼓毀城城欲坼。

七軍肉臭魚不食，于侯吞聲龐侯吒。

爾龐七尺殉漢賊，碧眼小兒黠於鼯（鼠）。

麥城將星忽中墮，高廟神靈扶不得，有血還作西川碧。

〈創玉泉〉

金支翠旗晻（陰暗）靄中，忽有赤驥騰秋空。

山都木客爭趣工，駝石白象鞭豐隆。

幻出七寶須彌宮，有為之跡無為功。

永寧同泰虛爭雄，可憐南北民力盡，

一炬贏得都城紅。

〈平蚩尤〉

鼎湖龍髯久上天，妖魄再作修羅顛。

快意一掃猗池穿，彼髯何為扼我咽。

玄女再授軒皇權，七家鏟削沉青煙。

寧惟晉人脂其口，度支歲歲饒金錢，

一奠北鹵三千年。

明代著名文學家袁宏道在《謁帝墓》詩中寫道：

白衣豈至計，豎子偶成功。

天將移漢祚，先忌絕倫雄。

明代另一位著名書畫家文徵明寫有《關帝讀麟經》一詩：

有文無武不威如，有武無文不丈夫。

誰似將軍文復武，戰袍不脫夜觀書。

清代寫關羽的詩更多，茲不一一列舉。還有些人填詞來表達他們對關羽的敬仰之情。

田茂遇寫有《酹江月》：

對圖畫裡，是三分虎將，千秋人傑。

顧盼（怒視）英風天生就，山嶽男兒發髮。

眼底周郎，耳邊魏操，爾爾成何物？

丹衷赤手，重扶炎漢時節。

一燭半卷《春秋》，古今看盡，了雄心欲絕。

兔馬龍刀轉瞬間，鐵索銅台相接。

幾點煙沉，群方雲擾，戰骨堆如雪。

掀髯微笑，塵世幾番花月。

劉濤的《滿江紅．夜觀〈春秋〉圖》寫道：

魯史《春秋》，近千載，何人解說？
兵戈裡，開函靜對，精義發越。
一盞孤燈當案照，滿腔浩氣橫空揭。
最留青，漢賊要分明，皆將裂。
杼商慘，刀濺血；盾止絞，急撲滅。
究生平得力，春王正月。
道脈源流接泗水，香煙輝燦垂千葉。
大恨事，吳狗附何瞞，麟經絕。

二、楹聯

由於關羽聲名的廣泛傳播，從人而為神，廟祀遍寰宇，所以，流傳保存下來的有關他的楹聯也非常多。

傳說，關羽曾經為自己自製了一副楹聯：

數定三分扶炎漢，討吳伐魏，辛苦備嘗，未了生平事業；
志存一統佐熙朝，伏魔蕩寇，威靈丕振，只完當日精忠。

這副關羽自製楹聯是怎樣來的呢？據《關聖帝君聖跡圖志全集》卷之五載：

山左諸生張世美，病死未殮。幽魂號泣冥途。適經關帝殿前。帝召而問之曰：「死生有命，哭之何益？」對曰：「尚有八旬老母，無人奉養，是以悲耳。」問：「有子否？」曰：「甫四歲。」帝曰：「少待。」即退殿。頃刻復出殿前曰：「念爾孝心，已奉上帝，增壽一紀矣。」賜茶一杯，世美不敢領。帝曰：「爾來路遠，渴矣；此陽間物，但飲無妨。」遂飲之。

既出，召語曰：「世間奉我殿宇，必有對聯，俱未道明我生平之事。此聯可為我布傳於世。」即醒，備告其母以及親交。偶鄰近有一帝君古廟，遂修葺之。因時日遣延，竟忘聯語，憂思成疾。一日，其母晨起，忽有青衣叩門，手持一函付之曰：「汝子見之，病即愈矣。」母授之於世美，起視，則聖聯也。急向青衣，不知所在。

按以上的說法，關羽的這副自製楹聯，是由於他對人世間供奉他的殿宇中所制的楹聯都不滿意，因為「俱未道明我生平之事」，所以，他便親自動手製作一聯，托山左（山東）生員張世美傳佈於世。這副楹聯既概括了他的生平事蹟與願望，也寫出了他壯志未酬之恨。

後人製作了大量楹聯，對關羽的生平、功業進行了評說。筆者在這裡只選輯有代表性的一些楹聯，以窺其貌。

午夜何人能秉燭；九州無處不焚香。

——明神宗朱翊鈞

先武穆而神，大漢千古，大宋千古；
後文宣而聖，山東一人，山西一人。

——解州關帝廟

生蒲州，輔豫州，保荊州，鼎峙西南，掌底江山歸統馭；
主玄德，友翼德，仇孟德，威震華夏，眼中漢賊最分明。

——許昌市灞陵橋關帝廟

產於解，則一鄉之士；仕於蜀，則一國之士；忠於漢，則天下之士。而義為君臣，序為兄弟，交為生死，歷千年鼎建弘祠，則亙古之世，浩氣英風，洋洋如在其上，如在其左右；表於獻，有蕩寇之封；謚於劉，有壯繆之封；褒於宋，有崇寧之封。而佛曰伽藍，道曰伏魔，王曰武安，迄萬曆晉升帝位，有協天之封，旌功顯德，浩浩孰知其始，孰知其終窮。

——金．程震

至大至剛，塞乎天地；討亂討賊，志在春秋。

——元．柯九思

天無二日，民無二王，已矣乎，
吾未之信，到今有憾三分鼎業；
義不可廢，節不可奪，強哉矯，
至死不變，平生無愧一部春秋。

——明．王陽明

稱皇呼帝號天尊，廟貌與恒河沙比數，

盡忠誠而食厚報者，萬年僅見關夫子；
賤霸尊王扶漢室，心胸與暘谷日爭光，
讀春秋而明大義者，百世堪追孔聖人。

——南京關帝廟

忠義二字團結了中華兒女；春秋一書代表著民族精神。

——于右任

欽崇歷有唐有宋有元有明，其心實惟知有漢；
徽號或為侯為王為君為帝，當日只不愧稱臣。

——自貢市西秦會館關帝廟

這些楹聯都對關羽的生平、功業進行了描繪、頌揚，脫不開封建倫理道德觀念的表述，這是創作者受歷史、階級的局限所使然。。

就廣泛地出現於中國各地的這些楹聯來說，對於關羽形象、精神的描繪和宣傳，其影響是要超過詩詞歌賦一類的，因為，它是一種「雅俗共賞」的大眾化文學藝術形式，較之詩詞歌賦一類，更貼近群眾，它大多公開陳懸於廟堂外，能夠有更多的機會被群眾直觀接觸、欣賞，使人們對關羽其人有更多的瞭解。

三、碑刻

有關關羽的碑刻也很多，幾乎在全中國各地的關廟中，都有這種碑刻。其中，大致分為兩類，一類是文字碑，一類是造像碑。

文字碑

這類碑多是因為修建關廟或其他特殊事件而撰寫、鐫刻的。

據現有的資料看，最早的關羽碑刻是唐德宗貞元十八年（八〇二）《貞元重建廟記》，由大理寺評事董侹撰文。宋代有宋神宗元豐四年（一〇八一）尚書右僕射張商英撰文的《重建關帝廟記》（湖北省當陽市），宋哲宗元祐七年（一〇九二）河東路解州解縣尉鄭咸撰文的《重修關帝廟記》（山西省運城市）。金章宗泰和四年（一二〇四）解梁軍知州田德秀撰文的《重修關帝廟（解縣關廟）記》。元武宗至大二年（一三〇九）翰林院侍讀學士郝經撰文的《重建漢義勇關帝廟（順天府）記》。明代大儒方孝孺撰有《關帝廟》（浙江省海寧市）記。王世貞撰有《關帝廟（江蘇太倉州）記》。清代有康熙十七年（一六七八）解州知州王朱旦撰寫的《漢前將軍壯繆關聖帝君祖墓碑記》，康熙二十三年（一六八四）李士楨撰寫的《關帝廟》（廣州市）重修記，等等。在眾多的碑刻中，確有一些精品。如明代萬曆十九年（一五九一）由著名學者、翰林院修撰焦竑撰文，著名書畫家、庶起士董其昌書丹的《正陽門關帝廟（北京）碑記》，不但文章寫得好，書法有神韻，而且鐫刻也很精美。三者合為一體，就成了一個藝術珍品，被人稱為「三絕」。

從碑記內容來看，可以說是一體的頌歌，讚揚關羽的忠、義、仁、勇，所謂：「義烈英靈，炳蔚萬古。」（胡應麟《關帝廟碑記》）「綱常義勇，垂日月，彌宇宙。上匡王國，下福蒼生。」（王維珍《陽城縣重修關帝廟碑記》）「忠而遠識，勇而篤義。事明君，抗大節，收俊功、蜚英名。磊磊落落，挺然獨立。」（田德秀《嘉泰重修廟記》）「熊虎奇氣，單敵萬人；義烈高風，雄視三國，世之魁傑。」（喻時《光州關帝廟記》）「跡其生平之大節，出處之光明，所謂富貴不能淫，貧賤不能移，威武不能屈。」（《關聖帝君祖墓碑記》）還有一些碑文記敘了他成神後顯靈濟世的故事。如：《河南府孟津縣關帝靈感記》和《摹勒關聖帝君寶像碑記》等，都記載了一些關羽顯靈的趣事。有些碑文對關羽的不幸遇害發出一些感嘆之詞，並有嚴厲斥責「曹賊吳寇」之句。所謂：「天不祚漢」「功勳垂成，貉夏為厄，有志之士，蓋深悲之。」（馮子振《廣陵關帝廟碑》）「如帝不死，與武侯勠力；武侯治內，帝治其外，漢賊可誅，孫氏可鹵；而高祖之天下可復也。」（方孝孺《關帝廟碑記》）等等。

這些碑文置於大庭廣眾之下，對民眾會產生一些影響。相比之下，它似乎要較之詩詞、楹聯的影響小一些，卻是重要的史料。

造像碑

關羽的造像碑在各地也很多，是以繪畫鐫刻的形式，表現關羽形象的英姿、豪氣。據一九六一年香港廣信印務公司版《關聖帝君聖跡圖志全集》收錄的關羽造像碑拓片就有十四幅，關羽的形態各異。這些造像碑置於大江南北各地，分佈極廣。

最早的一通關羽造像碑是《關壯繆像》，是一幅正面騎馬揮刀像，高一點三三公尺，寬〇點五七公尺。上刻有篆書贊詞：「乾坤正氣，日月精忠，滿胸義氣，萬代英雄。」此像是唐代大畫家吳道子所繪。

在河南許昌市灞陵橋關帝廟亦有一通吳道子畫的關羽像碑，碑高一點五九公尺，寬〇點五一公尺，也是橫刀騎馬像。贊詞為：「丹心貫日，赤馬斯風，兩間正氣，千古英雄。」這個贊詞是寫關羽在許都曹營期間的情景的。

宋代繪圖的關羽造像碑有兩通。一通是著名畫家馬遠所繪的《關夫子像》，是一通正面側身騎馬像，碑高一點〇七公尺，寬〇點六公尺。明代天啟六年（一六二六）會稽李尚實鐫石，碑藏於當地長慶寺。碑的左上角有明洪武皇帝敕封齊天護國大將軍全文，右上角有清康熙二十三年（一六八四）董煌題詞。另一通是南宋著名將領岳飛所繪的《關聖帝君像》，為正面側身騎馬揮刀像。碑高一點〇七公尺，寬〇點四七公尺。河南洛陽市關林現保存有此像碑刻。

其他是明、清時期繪刻的，有：

《關壯繆像》。碑高一點〇三公尺，寬〇點五二公尺。為正面側身騎馬揮刀像。上有摹篆文方印，文曰「漢壽亭侯之印」，是明代弘治三年（一四九〇）揚州浚河時得到的，還有鎮江吳拱宸的贊詞。《義勇武安王神像》。碑高〇點六七公尺，寬〇點三三公尺，明正德八年（一五一三）二月鐫刻，並有像記。

《關壯繆像》。碑高一點一三公尺，寬〇點六三公尺。明嘉靖三十六年（一五五七）由當陽縣知縣李應魁刻石，上刻有《辭曹操書》。

《關王辭曹操之圖》。碑高一點五七公尺，寬〇點六三公尺，碑正面上部為關羽的辭曹書全文，下部為灞陵橋挑袍圖。關羽跨馬橫刀佇立在灞陵橋上，與趕來送行的曹操搭話。碑的背面為《關王辭曹歸劉圖記》，敘述了關羽的生平及辭曹經過。此碑鐫立於明代宗景泰六年（一四五五）。保存完好，現藏於河南省許昌市關羽故居的春秋樓下。

《關聖帝君像》。碑高一點四公尺，寬〇點六七公尺。清順治十四年（一六五七）長安藺楨鐫刻，上有錢塘秦駿生集詩經、書經像贊。《關聖帝君像》。碑高一點〇七公尺，寬〇點六公尺。清康熙十六年（一六七七）李進泰刻。為正面側身騎馬像，上有「漢壽亭侯之印」方印。

《關夫子像》。碑高一點六七公尺，寬〇點六三公尺。清康熙四十三年（一七〇四）達禮善刻。為正面坐像，上書像贊。

《許昌灞陵橋挑袍聖跡圖》。碑高一公尺，寬〇點五公尺。騎馬像。清乾隆二十一年（一七五六）劉仕偉繪刻。像下刻有《許昌灞陵橋挑袍古跡》七言律詩一首：

大勇原從集義生，挑袍小口怯疑兵。
灞陵橋上期為別，祖餞樽中合自傾。
印綬踐言鼎漢葉，千金潔志辭曹輕。
單騎到處誰能阻，吩咐車輪緩緩行。

《關壯繆像》。碑高一點一六公尺，寬〇點六四公尺。為正面坐像。新安江蘭刻石。上有乾隆五十八年（一七九三）桂馥書的關羽《明聖經》。

《關壯繆像》。碑高一點一公尺，寬〇點六公尺。為側身之像，勞杏莊摹高且園畫本，清道光二十九年（一八四九）勞丙堃刻石。

《關夫子像》。碑高一點〇三公尺，寬〇點五五公尺。上有解縣印，並有《關夫子像贊》：

今古浩然，正大剛毅。山西一人，並立天地。像存故鄉，惠千萬祀。

此外，還有數行說明詞：

此先聖五十三歲遺像，藏於解廟，相傳至今，面有七痣，鬚髯稀疏而滿頭。瞻仰之下，肅然生敬焉。

此像未著刻石年月。現收藏於山西省運城市博物館。

《關聖帝君像》。碑高一點一六公尺，寬〇點五八公尺。一九二二年鐫刻。為正面側身騎馬揮刀像。上方有印一方。下方有昆明馬向慶書寫的贊詞：

義存漢室，致主以忠。春秋之旨，獨得其宗。天地合德，君師同功。聖神文武，百世所崇。

此造像碑是摹刻前人的，現收藏於山西省運城市博物館。

這些造像碑較之碑文，對於大眾有很大的影響。它往往被拓摹裝裱廣泛流傳於民間。在廣東一帶，還有些造像被臨摹輾轉刻印，被商家、店戶供奉起來，視為財神。

關羽在民間文學中

中國的民間文學蘊藏豐富，異彩紛呈。筆者在研究關羽這個歷史人物而進行實地考察的過程中，每到一地，都能聽到有關他的神話、傳說、故事……這足以說明，關羽在正史、小說、戲曲之外，還在民間文學這個海洋中，佔有重要的地位，被平民百姓在茶餘飯後、田間地頭、寒夜燈下作為談說的話題、評論的英雄。

關羽在民間文學中，有一個完整的系統，也就是說，從他出生、征戰到逝世，直至身後，每一個時期都有流傳下來的神話、傳說或故事，豐富多彩地表現著關羽人生歷程中的方方面面。輯錄部分於此。

一、青龍下凡

清代康熙年間刊印的《關聖帝君聖跡圖志全集》卷之一中，有一幅「烏龍生聖」圖，並附有文字解釋說：

漢桓帝延熹三年庚子（一六〇）六月二十四日，有烏龍見於村，旋繞於道遠公之居，遂生聖帝。

民間傳說：關羽就是青龍下凡託生的。

青龍原在天界，是玉皇大帝駕前的一尊神。因為解縣地面百姓受妖魔蠱惑而惹惱了玉皇大帝，他便下令要在解縣地面大旱三年，並要施放天火三天，燒掉解縣地面生靈。這個決定是相當殘酷的。青龍體察百姓疾苦，勸說玉皇大帝收回成命，玉皇大帝沒有答應。青龍便私下凡間，變作一個老翁，想法救助百姓免此劫難。他在河東鹽池邊的一條路上，碰見一位青年婦女帶著兩個孩子，那婦女懷裡抱著一個大孩子，手裡拖著一個小孩子。小孩子走不動，一路哇哇直哭，婦人也不理，只是抱著大的走。這種反常情況，使青龍甚為不解，便上前去搭訕，問其情由。那婦人說：「我懷裡抱的不是我的親生兒子，是我家兄嫂雙亡後留下的骨血；小的是我的親生兒子。對這個侄兒，我看得比親生還重，要好好將他養大成人……」這一番話，使青龍十分感動。他覺得解縣人很善良，玉皇大帝懲罰解縣人的做法太過分。於是，青龍決心救助這一位善良婦女。他告訴那婦人，這裡將要遭遇天火，要她在正月十五日到十七日的三天晚上，在自己家院裡點起大火，可以避除天災。青龍還私下裡去請求東海龍王為解縣地面布雨除旱。

那位婦女心地極為善良，她聽了青龍的話便牢記心上。到了正月裡，她不願只顧自己一家免災，便把這個消息告訴了左鄰右舍。於是，消息很快傳遍了城鄉。因為大家都得到了這個消息，到了正月十五晚上，解縣城鄉家家點火、戶戶生煙，一連三個晚上，大火燃燒，煙雲衝天。玉皇大帝還以為是施放了天火，在懲罰解縣百姓。

青龍請東海龍王布雨除旱，又讓下界施放煙火，救助了一方百姓。但是，後來玉皇大帝還是知道了真情。他十分惱怒，本該嚴懲青龍，但念他眷顧下界生靈才犯了天條，所以從輕發落，讓他投生到解縣一處人家。關羽出生的時候，有青龍出現，就是這個緣由。

從那個時候起，解縣百姓每年到正月十五日，就要連續三天晚上施放煙火，也是對救助他們的青龍的一種懷念。久而久之，就成了這裡的一種民俗。

二、捉蛇得劍

關羽小時候家裡很窮，靠父親賣豆腐過日子。他也時常幫父親做豆腐，學會了做豆腐的好手藝。關羽父母本來無力讓他上學，只是他聰明好學，老人家不忍心誤了他，便省吃儉用，送他去解縣城裡念書。關羽每天上學，從來不和別的孩子同行，總是獨來獨往，抄小路，走近道。原來，關羽人小心大，他不只是一心學文，他還想習武。於是，除了上學堂念書外，他還拜一位老人為師學習武功。

每天放學後，他都要趕到中條山下的一個山坡上跟老人練習武功。由於他勤學苦練，力氣一天天大起來，武功也一天天強起來。

有一天，關羽放學後，又放開大步去找老人練武。當他經過一個叫五里堆的地方時，忽然發現路當中盤著一條大蛇。關羽早先就聽人說過，這裡有一條毒蛇出沒，經常傷人家畜。關羽心想，這必定是那條毒蛇了。他要除去這條毒蛇，使這裡的百姓不再遭殃。關羽人小膽大，他大喝一聲，便赤手空拳向毒蛇撲去。那條大蛇見了關羽，便有些害怕，一展身，便哧溜溜順著草叢跑了。關羽緊追不捨，追呀，追呀……眼看就要追上了，忽然，前面出現了一口水井，那大蛇情急，便一頭往井裡插下去。關羽趕到井邊時，正好大蛇的尾巴還露在井外，他伸手抓住大蛇的尾巴，使勁往上一拽，便把大蛇拽了上來。眨眼工夫，關羽愣了，他手裡拽的那條大蛇竟然變成了一把帶鞘的寶劍。

關羽得了一把寶劍，心裡好生高興！他試著想把劍從劍鞘裡拔出來，但是，不管他用多大的勁，使多少的巧，那劍就是從鞘裡拔不出來。關羽覺得十分奇怪，便把劍舉到眼前細細地驗看了一番，發現劍鞘上刻著一行字：「遇濟民之時，劍出。」關羽這時才明白，這劍不是一把尋常的寶劍，它是不輕易出鞘的，要到需要的時候，它才會自己出來。可是，它什麼時候才會出來呢？

關羽得了這把寶劍，十分喜愛，便把它帶回家中，掛在牆上。每天早晚，關羽都要取下劍來，把玩一番。只是那劍總是不出鞘，關羽也沒奈何。

突然有一天，那劍卻自動從鞘裡跳出來了，關羽驚喜萬分。他舉起寶劍，見劍鋒銳利，寒光四射。他知道，寶劍自動出鞘，必然是要他有所作為了。

三、殺熊出逃

《關聖帝君聖跡圖志全集》裡，記載有這樣一個故事：

聖帝止旅舍，聞鄰人哭甚哀。叩之，乃韓守義也。遭郡豪呂熊荼毒。呂黨連七姓，黠猾事璫，蔑職紀。聖帝眥裂髮豎，命守義導至七所，悉斬刈之。

（《關聖帝君聖跡圖志全集》卷之一）

原來，關羽那天回到家裡，看見掛在牆上的寶劍自動出鞘，心裡一動，便佩了寶劍，去到解縣城。當時，天下大亂，漢王朝搖搖欲墜。他想見郡守，陳述自己對時局的看法，以圖報效漢王朝。可是，郡守因為他是無名之輩，拒不接見。當晚，他住在旅舍裡，便聽到了韓守義的哭泣聲。詢問之後，關羽才知道韓守義的女兒被解縣城裡的一個惡霸呂熊強佔蹂躪。

呂熊是個員外，家裡很有錢。因為他勾結京宦官，又與當地七姓富豪結親，故無惡不作，所以，人稱「凶虎」員外。這個呂熊所做的壞事很多。別的不說，單就他霸佔姦淫婦女的醜行來說，就令人切齒。解縣城由於靠近運城鹽池，地下水是鹹的，人畜不能食用，僅有幾口甜水井散落在城裡各處，供人畜食用。呂熊是個色狼，為了滿足他霸人妻女的目的，他叫手下的人將城裡各處的甜水井都填塞了，僅剩下他自家院裡的一口甜水井。因此，城裡人要吃水，都得到他家院裡來挑。呂熊便規定了一條：凡是來他家院裡挑水的人家，有女人，不准男人來挑水；有青年婦女、妙齡姑娘，不准老婦老婆來挑水。年輕女子去呂熊家挑水，不是被調戲，就是被強行扣留奸宿。呂熊糟蹋的婦女不知有多少。因為他勾結官府，又有權有勢，民眾十分憤恨，也奈何他不得。

韓守義的女兒就是進呂家挑水，被呂熊霸佔了，不讓她出來。

關羽正是血氣方剛的年華，他聽了韓守義的哭訴，了解了呂熊的罪惡，便怒火中燒，眥裂髮豎。關羽讓韓守義連夜帶路，指認出呂熊的家門，他便仗劍闖進呂家，殺了呂熊和他一家人，解救了韓守義的女兒和其他被霸佔的婦女。關羽殺了呂熊一家還不解恨，想到與呂熊勾結的七姓惡霸不除，終究是百姓的禍害。於是，他又讓韓守義帶路，一一闖進這些惡霸之家，揮劍劈殺，斬草除根。關羽這次寶劍出鞘，開了殺戒，一下子就殺了呂熊和七姓惡霸一百零八口人，給解州老百姓除了大禍害。

關羽殺了這麼多人，他知道這可是闖了大禍，非同小可，若是讓官府抓住，那一定是沒命的了。他也不敢回家，便出瞭解縣城西門，連夜逃往他鄉去了。

四、指關為姓

關羽連夜逃出解縣城，一路向黃河岸邊的風陵渡方向奔去。

呂熊七姓惡霸一下子就被殺了那麼多人，自然驚動了官府，縣官便派出大批吏卒，四處搜捕關羽，有一路人馬就尾隨著關羽追捕而來。

關羽跑著跑著，不知過了多長時間，東方發亮，天色明，忽然聽到身後馬蹄聲聲，喊聲陣陣。他心裡一驚：不好了，一定是官府追兵到了。他情急生智，便慌忙躲到路邊的一座小橋下。到了橋下，關羽才發現有個老太婆正在橋下的小河裡洗衣服。老太婆見他手提寶劍，渾身上下沾有血跡，面色又十分驚慌，便問道：「客官，你這是怎麼了？」

關羽是個誠實人，便不隱瞞，將在解縣城裡殺人的事一一說了，便道：「眼看後邊追兵到了，求老母救我！」

老太婆聽了，只是一笑，便叫關羽脫下身上的衣服，在河水裡漂了幾下，拽了出來，抖了幾抖，衣服就乾了，血跡也沒有了，又讓他穿上。老太婆又揮掌朝他鼻子上拍了一下，瞬間打出許多鼻血來，順勢抓了一把，在他臉上抹了抹；還扯下了他幾縷頭髮，粘在了他的嘴唇上，關羽頓時變成了紅臉長髯漢子。

這時，追捕關羽的官兵已經來到橋上，他們看見一個老太婆和一個紅臉長髯漢子在橋下，便沒生疑心，只是問：「可曾見一個白面青年小夥子從這裡過去？」老太婆回答說：「過去多時了。」官兵聽了，喊了一聲：「快追！」便急忙向前追去。關羽眼看著官兵去遠了，心裡一塊石頭落地，便回轉身來，要叩謝那位搭救他脫險的老太婆。哪知道，洗衣老太婆已經無影無蹤，不知啥時候離去了。

原來，老太婆是觀世音大士化變的，特地來到這裡，救他脫險。

關羽望空拜謝後，便上了路。沒有幾個時辰，他便來到了黃河邊的風陵渡口。他搭船過了黃河，就到了潼關。潼關是個緊要的關隘，追捕他的官兵早已來到這裡，一方面在關口張掛他的畫像，讓人辨識；一方面嚴密盤查行人，以防他混過關去。關羽看看自己的模樣，已經不同於畫像上的形影了，便壯著膽子走到關前。守關的兵卒仔細地將他打量了一番，又和那在關口上張掛的畫像再三對照，便問：「姓什麼？」

關羽心裡想：這可不能照實說給他。於是，便伸手一指關隘，脫口而出道：「我姓關！」守關的兵卒又盤問了多時，問不出什麼名堂，挑不出什麼破綻；又看他模樣和畫像上要捉拿的人不同，就揮一揮手說：「走吧！」

關羽暗暗舒了一口氣，好不喜歡。他邁開雙腿，大步流星地走過了潼關。

關羽原本不姓關，他到底姓什麼？有人說他姓張，有人說他姓馮，又有人說他姓佗，還有人說他姓夏。他原本什麼，這都無關緊要了。自他在潼關關前指關為姓後，他就一直以「關」為姓，揚名四海了。

關羽闖過了潼關，他想追兵不會趕來了，就來到黃河岸邊，用手掬了河水洗臉上的血跡。洗呀，洗呀，黃河水本來是清清亮亮的，關羽洗來洗去，直把黃河水都洗得發渾了，他臉上的血跡都沒有洗淨，連嘴唇上粘的那些頭髮，也扯不下來了。從此，關羽就成了紅臉長鬍漢子。黃河的水也就從此變成渾的，再也沒有變清過。

關羽在解縣城裡殺呂熊七姓，為民除害，時間是在漢靈帝光和二年（一七九）。這年，關羽十九歲。

五、桃園結義

關羽在故鄉解縣城殺人出逃，在各地流浪了數年，後來，來到了涿郡。劉備和張飛都是涿郡人。

劉備的出生地叫大樹樓桑，張飛的出生地叫桃莊，也叫張飛店。

關羽那時節靠販糧食糊口。有一天，他推著一小車綠豆，在路過張飛的村子桃莊時，看到張飛家門口的一個井上壓著一塊大石頭，上邊還寫有一行字：「單手舉此石，豬肉你白吃。」

原來，張飛是個屠夫，靠殺豬賣肉為生。如果當天的肉賣不完，他就將剩下的肉吊在井裡保存，井口用一塊千斤重的大石塊壓著。在張飛的眼裡，那千斤重的大石塊是沒有人能單手舉得起的，誰想白吃他的豬肉，那是白日做。所以，他才敢寫那麼幾個字。

關羽雖然流落在外，是個亡命之人，卻也年輕氣盛，好鬥要強。他看了那一行字，便去到井邊，伸出右手，用力一抓，就把那一塊千斤重石舉了起來，扔到了一邊。隨後，他就從井裡吊起一扇豬肉，放到他推的小車上，進了涿郡城，去了水門溝糧食市場。

張飛從外邊回來，聽說了這事，便趕進涿郡城，在水門溝找到了關羽。張飛上前去抓關羽車上的綠豆，抓一把，碾碎一把。他是要找碴鬧事。後來，兩人就爭吵起來，接著又打鬥起來；兩人在水門溝鬥了個翻天覆地。正巧，劉備也來到了水門溝，他出面將關羽和張飛排解開來，人們說這是一龍分二虎。

關羽和張飛打架，劉備插了一手，這三個人就相識了。劉備就請他們二人去街旁的一個小酒店喝酒，邊喝邊談，越談越對勁，三個人意氣相投，就商量著要結為異姓兄弟。正好，小酒店後邊有一個桃園，正是桃花盛開的時候，劉備、關羽和張飛在桃園裡焚香叩頭，結拜為兄弟。結拜的時候，三個人都想當大哥。怎麼辦？當然應該按年齡大小排，誰知三個人報的年歲相同，生日也相同，沒法子挑出個大小來，便只得按出生時辰分。張飛說他是天剛亮時出生的。關羽說他是公雞叫時出生的，劉備卻說是鼓打三更時出生的；這樣，劉備應該是老大，關羽老二，張飛老三。張飛和關羽不服，便說要比賽上樹，以高低區分大小，誰上的最高誰就當老大。張飛最麻利，手腳並用，三下兩下就攀上了樹梢，喜得他在高處眉開眼笑；關羽只爬到了樹的半截，就再也上不去了；而劉備卻坐在樹根下，紋絲不動。三個人一計較，張飛就嚷嚷著要當老大。劉備卻不緊不慢地說：「樹是從根部往上長的，先有根才會有梢，我在根部，就應該為老大。」關羽和張飛一聽就傻眼了。劉備說得在理。

但是，張飛還是不服氣，提出比賽力氣，誰的力氣大，誰就當老大哥。張飛認為自己力氣大，比賽力氣他准能贏。劉備說：「怎麼個比賽法？」張飛說：「就比賽扔雞毛上房！」

張飛撿起一根雞毛，使出了吃奶的力氣，只扔了一人來高，怎麼也扔不上房；關羽比張飛聰明，捏了幾根雞毛一束往房上扔，也沒有扔上去，只是扔得比張飛高那麼一些；輪到劉備了，他抓了一隻雞，沒費多大勁，就扔上了房頂。關羽和張飛不服氣，說劉備扔的是雞，不是雞毛。劉備卻哈哈大笑說：「雞都上房了，雞毛能沒上房？」兩人一聽，就又傻眼了。劉備說得還真在理。

劉備、關羽和張飛三個人鬥心眼兒，鬥來鬥去，關羽和張飛就是鬥不過劉備，總是讓劉備佔著先，他們就只好讓劉備當老大。關羽呢，每次比鬥的結果，都是不前不後，不上不下，就排了個老二。張飛只好做小兄弟，當老三。倒是這麼挑定了兄弟位置以後，三個人就再也沒有計較過，關羽和張飛始終尊敬他們的兄長劉備。

六、青龍寶刀

劉備、關羽和張飛在涿郡結義成為異姓兄弟，他們商量著要去投軍，做出一番事業。

三個人都會武功，投軍去總要帶一件趁手的兵器。張飛就請了鐵匠來給他們打造兵器。劉備喜歡使劍，就打了一把雙股劍。張飛喜歡用矛，就造了一支丈八點鋼矛。輪到關羽了，他卻不說打造什麼兵器，只用一根馬尾，繫了一個鑰匙，用手掄了三百六十五圈，猛然間一鬆手，「嗖——」的一聲，鑰匙就飛向了半天空，直插雲霄。霎時間，只見烏雲翻滾，電閃雷鳴，一條青龍冉冉從天而降，緩緩地落到了地上。眨眼間，青龍不見了，地上卻是一把鋥亮耀眼的彎月大刀，刀面上有一條活靈活現的青龍。這把刀就是青龍偃月刀。據說，這刀重得很，有一千多斤。

從此，關羽就帶著這把青龍偃月刀走南闖北，馳騁沙場。由於青龍偃月刀很重，關羽就找了兩個關西大漢抬著。後來，大力士周倉歸服他以後，就由周倉專門扛刀了。

關羽有一對丹鳳眼，平時總是眯縫著，不全張開。只要他眼睛睜開，就意味著要殺人。周倉很機靈，每看到關羽睜眼，就立即將刀遞給他。關羽使起青龍偃月刀來，既穩又狠，從不虛發。

七、馬中赤兔

「人中呂布，馬中赤兔。」呂布是當時一個人傑，赤兔馬是當時征戰沙場中的難得的一匹寶馬。

這匹赤兔馬渾身上下火炭一般赤紅，沒有半根雜毛。從頭到尾，長有一丈；從蹄到頂，高達八尺。嘶鳴咆哮，有騰空入海之勢。赤兔馬能日行千里，夜走八百，涉水登山，如履平地。羅貫中在《三國演義》中寫有一首詩專為讚美赤兔馬：

奔走千里蕩塵埃，渡水登山紫霧開。

掣斷絲韁搖玉轡，火龍飛下九天來。

赤兔馬原本是董卓的座騎。董卓是隴西涼州的豪強，當過并州刺史、河東太守、并州牧。漢靈帝去世後，他奉大將軍何進之召進都城，得以掌握朝中大權。董卓這個人很殘忍、霸道，他主張廢少帝立陳留王為皇帝，遭到荊州刺史丁原的堅決反對，兩人發生了爭執。董卓當時就想殺丁原，因為看見丁原身後站著一個氣宇軒昂、威風凜凜的青年武將，他才沒敢下手。

後來，董卓打聽到丁原身後站的那個人名叫呂布，是丁原的義子。第二天，丁原和董卓交戰，呂布衝鋒陷陣，擊敗了董卓。這個呂布，雖然長得一表人才，能征善戰，是一員驍將，卻勇而無謀，而且是一個見利忘義之徒。董卓與丁原交戰失敗後，便差了虎賁中郎將李肅帶了一千兩黃金、數十顆明珠、一條玉帶和赤兔馬去收買呂布。那呂布見了這麼多財物，果然動心，便殺了義父丁原，投靠了董卓，並認董卓為義父，為他賣命征殺。劉備、關羽、張飛三人曾在虎牢關前和呂布狠鬥過一場，呂布一人敵不過這桃園結義三兄弟，敗下陣來。

呂布跟著董卓沒少為他出力。後來，司徒王允巧使連環計，用了一個美女貂蟬，挑引得呂布反目殺了董卓，除了一害。

自此以後，呂布就仗著兵勢，橫行無忌。但是，沒有多久，他和老謀深算的曹操交兵，被他手下的一個部將侯成盜去赤兔馬獻給曹操；他自己也被部將宋憲、魏續捆縛，大開城門，迎了曹操。呂布在下邳城的白門樓斃命。從此，赤兔馬就歸了曹操。關羽在下邳城之戰時失利投降，隨曹操去了許都。曹操仰慕關羽的為人，待他十分恩厚，封侯賜爵，極為推崇，三日一小宴，五日一大宴；上馬提金，下馬提銀；還贈給他絲綢錦緞、妙齡美女……曹操一心要使關羽把那個劉備忘了，死心塌地為自己賣命。

有一天，曹操又宴請關羽，席散之後，曹操送關羽走出相府，看見關羽的坐騎很瘦，便問道：「你的馬為什麼這樣的瘦？」關羽說：「我的身體很沉重，這匹馬承載不了，因此，把它累瘦了。」

曹操聽了，便立即命人去牽出一匹馬來，問關羽：「你認識這匹馬不？」

關羽看看那馬，體壯高大，火炭一般，便說：「這不是當年呂布騎的那匹赤兔馬嗎？」曹操得意地笑了，說：「是的。」關羽也喜不自禁地說：「真是一匹好馬！」曹操見關羽喜愛赤兔馬，便立即將馬轠轡遞給他，說：「將軍，這匹馬就送給你了！」關羽聽了，便喜盈盈地施大禮拜謝道：「關某謝曹丞相！」

曹操很不高興地說：「往日，我送了很多金帛、美女給你，你從來沒有拜謝過。今天，我贈給一匹赤兔馬，你就高興地拜謝，你為什麼把人看得那麼賤，把牲畜看得那麼重？」

關羽一邊撫摸著赤兔馬背，一邊解釋道：「我知道這赤兔馬日行千里，夜走八百，是匹難得的寶馬。今天，蒙丞相將此馬贈給我，如果我知道了劉皇兄的下落，騎上赤兔馬，也就能在一天之內趕去和他晤面了。」因為關羽和曹操有約在先，只要得知劉備的下落，不管在哪裡，他都要去投奔。

曹操聽了，好不懊悔。但是，馬已送給關羽，他也無法食言收回。關羽得了赤兔馬，如虎添翼。他跨著這赤兔馬，刀劈顏良，解了白馬之圍，回報了曹操的厚待。後來，他聽說劉備在袁紹處，便告辭曹操，千里單騎，過關斬將，又追隨了劉備。

關羽從此和赤兔馬形影相隨，南征北戰達二十多年。關羽威震華夏，赤兔馬也屢建功勳。到關羽敗走麥城亡命之後，赤兔馬被東吳部將馬忠得到。赤兔馬是很有靈性的，它懷念故主關羽，不肯供馬忠騎坐，竟不食草料而死。

當陽玉泉山「漢雲長顯聖處」碑前有一眼泉水，傳說，這是赤兔馬懷念故主關羽，灑淚落地，化成泉水。那泉水從地下不斷湧出來時，像顆顆珍珠（淚珠）一般，所以，人們就叫這泉水為珍珠泉。

到明神宗萬曆年間，赤兔馬被封為「追風伯」。

八、收伏周倉

周倉是山西平陸西祁人。幼年時，他家裡很貧窮，便靠從中條山北的河東鹽池販賣私鹽為生。從平陸到河東鹽池，隔著一架中條山，來來去去，走的是山間崎嶇小道，日久天長，周倉練就了一雙飛毛腿，行走如飛；一副鐵肩膀，能挑千斤重擔。周倉生長在黃河邊，經常在黃河裡戲水，所以，他又有逐波擊浪的好水性。

周倉生活在社會的底層，吃盡了苦頭。當張角領導的黃巾軍起義以後，周倉也組織了一支農民起義隊伍，投到黃巾軍張寶手下，和東漢王朝的官兵對陣。與平陸縣隔河（黃河）有個黃巾寨，傳說是當年周倉參加黃巾起義時駐紮過的地方。

後來，在東漢王朝統治者的殘酷鎮壓下，黃巾起義失敗，張寶陣亡；周倉就帶領小部分弟兄，流落在山林間。後來，關羽從許都出來，千里走單騎，在臥牛山兩人打了一仗，關羽雖然武藝高強，卻也沒沾著光，只是靠他巧使拖刀計，才將周倉打落馬下。

關羽是個愛將的人。他眼見周倉生得虎背熊腰，面如墨染，板肋虬髯，形貌偉岸，兩臂有力，武藝高強，便有了愛慕之心。因此，他雖然將周倉打落馬下，卻並不傷害他。周倉也是個好強的人，雖說被關羽打落馬，卻並不認輸。因為他臂力過人，便聲稱要比試臂力。關羽笑笑，答應了。

關羽看見山坡上落著一隻山雞，便張弓搭箭，將山雞射死，命令兵士取了回來，說：「好漢，咱們比試擲雞毛如何？誰擲得遠誰勝！」周倉想了想，說：「行！」周倉尋思，我的力氣大，擲雞毛，你保準要輸。他隨即從山雞身上拔了一根毛，把吃奶的勁兒都使上了，才擲了三五步遠。擲得這麼近，他心裡不服氣，便嚷嚷道：「這次不算，我再擲一次！」關羽見他憨厚得可愛，便笑著答應，讓他再擲。周倉這次更是用力，可是，仍然只擲得三五步遠。周倉只得自認晦氣，讓關羽擲。關羽抓起山雞，拽下一把雞毛，用那長毛兒一紮，一揚手，就飛出去十多丈遠。

周倉見了，便喊道：「不算，不算！我擲的是一根雞毛，你擲的是一捆雞毛……」關羽說：「一捆雞毛也是雞毛呀！」周倉沒說的了，便認了輸。關羽更加喜歡周倉了，便說：「你武藝高強，膂力過人，在這荒山野嶺間為王有什麼意思？何不走出山寨，跟我關某去闖蕩天下，做出些安邦報國的大事來，也不虛此一生！」

周倉早聞關羽其名，敬慕其人，只是無緣得見。如今到了眼前，果然儀表不凡，談吐不俗，心裡早就折服。聽他說了，便當即應允：「我周倉就此跟隨關將軍，鞍前馬後，拼死效力，永不變心！」

從此，周倉就跟定了關羽，給他扛那千斤重的青龍偃月刀。關羽騎著千里赤兔馬，馳驅如飛；周倉一雙飛毛腿，緊隨其後馬行人走，馬停人到，從來沒誤過事。

周倉為什麼能跑得那麼快？據說，周倉腿上長有三根毛，靠著這三根毛，他才能健步如飛，緊緊追上那日行千里的赤兔馬。

周倉跟著關羽，南征北戰，功績不小。別的不說了，單就拿關羽征戰樊城、水淹七軍那一仗來說，周倉就立了大功。那時節，曹操的大將龐德駕了一條船向樊城逃去，周倉駕著一條大船從上游急駛而下，迎面將龐德那一條小船撞翻，龐德落入水中。周倉見了，縱身躍入江水中，將龐德生擒上岸，押到了關羽帳前。龐德死不投降，關羽就將他殺了。

東吳孫權、呂蒙一心算計關羽，想從他手中奪回荊州。呂蒙知道周倉是關羽的得力助手，為他扛大刀，人稱飛毛腿，便想先把周倉廢了。

呂蒙找了個山西人，和周倉是老鄉，叫他去壞周倉的飛毛腿。那個山西人帶了些美酒給周倉，兩人邊喝邊聊天。那山西人騙周倉說：「你這個飛毛腿，本來能夠跑得更快，超過赤兔馬，只是你腿上那三根毛礙事，才跑不快。」周倉是個實在人，又喝多了酒，醉意蒙矓，便信了那個山西老鄉的鬼話，取來剃刀，將腿上的三根毛割了。周倉原本想割了三根毛就能跑得更快，哪知道，打那以後，他便再也跑不快，追不上赤兔馬了，直到這時，周倉才知道自己上了當，有苦難言。

但是，周倉也是粗中有細的人。他想：跑是跑不快了，能不能想個別的什麼法子，趕上赤兔馬？想呀想，終於想出個法子，那就是抄近路，走小道：當赤兔馬馱著關羽奔大道去時，他就走小道，抄近路；所以，赤兔馬到哪裡，周倉就能趕到哪裡，不誤關羽的事。

關羽敗走麥城時，周倉奉命死守麥城，以便關羽衝出東吳重圍，去往西川。後來，關羽兵敗被殺，周倉困守麥城，孤立無援，也就只能自殺身亡。由於周倉是關羽的愛將，生前總是追隨他鞍前馬後，功績卓著，所以，待到關羽死後封神，許多地方建廟祀奠，周倉在關王廟裡也總佔有一席之位，還是給關羽扛那青龍偃月刀。

明神宗萬曆年間，封周倉為武烈侯。

九、畫風雨竹

傳說，關羽在解縣城殺人出逃後，他的妻子胡玥帶著兒子關平逃到中條山的一個小山溝裡躲藏起來。官兵曾到這裡搜查過。但是，每逢官兵來這裡搜查時，山溝裡就會烏雲密佈，狂風大作，飛沙走石，雷鳴電閃，暴雨驟至。官兵因而進不得溝。還有人看見，每當夜裡，溝口有五位金甲神護衛，據說那金甲神是天上的五條龍。那地方就叫五龍峪。

胡玥從小跟隨她父親學過醫道。她在這裡落腳後，常到中條山上去採集草藥，為老百姓治病，當地人稱她為娘娘。

關平曉事以後，胡氏就讓他識字學文，還讓他練武。中條山的後山窪裡有一塊平地，就是關平練武的地方，當地老百姓叫它關公坪。

日久天長，關平不但學業有長進，還練就了一身好武藝。

關羽在外邊闖蕩多年，聲名顯赫。胡氏聽說後，就想叫兒子關平去投奔他父親關羽，征戰沙場，也取得個前程。胡氏打發關平上路的時候，思忖再三。她既沒有書寫片紙隻字，也沒有囑咐什麼話讓兒子轉告丈夫，只是在山裡摘了些杏梅，又折了兩枝竹枝，叫關平帶給他的父親關羽。

關羽看到兒子關平長大成人，識文會武，非常高興，看到妻子胡氏帶給他的杏梅、竹枝，便明白了妻子的一番心意：青梅竹馬結連理，忠貞不渝情意長。那關羽也是個多情的人。多年在外奔波，如今得悉妻子依然深深地戀念著他，便不由得思緒萬千。

睹物生情，關羽便揮毫潑墨，繪出了風雨竹畫。他在畫中，利用竹葉，錯綜成文，組成了五言古詩二首。

一首是風竹詩：

不謝東君意，丹青獨立名。

莫嫌孤葉淡，終久不凋零。

另一首是雨竹詩：

大業修不然，鼎足勢如許。

英雄淚難禁，點點枝頭雨。

在這兩首詩裡，關羽既表達了他對妻子的兒女情感，也抒發了他著意功名事業的胸懷。傳說，關羽在當陽遇害以後，胡氏還活著，直到八十六歲時才去世。胡氏歸天時，正是三月三，春暖花開的時節。當地老百姓為了紀念她，就在她帶兒子關平避難的地方修了一座娘娘廟，還修了一座五龍廟。每年到了三月三，那裡就要舉行盛大的娘娘廟會。娘娘廟會上主要交易的物資是山裡的藥材，所以，娘娘廟會也叫藥材會。

十、荊州教子

關羽有兩個兒子，長子關平，次子關興。關羽鎮守荊州時，兩個兒子都跟隨在身邊，每日裡都教他們習文學武。

當陽縣王店境內有個黑土坡，這個黑土坡，就是關羽教關平練字的地方。每天，關平遵照父命在黑土坡上練字，他練完字後，就將洗筆的墨水，從坡下往坡上潑。關平練字練得很認真，從不間斷。由於他天天練字，天天往坡上潑墨水，日久天長，那座坡上的土竟被墨水染黑了，所以，才得名黑土坡。

關平勤學苦練，不僅提高了武藝，而且，書法也很有長進。關羽心裡很高興，就揮毫給關平寫了十二個篆字：讀好書，說好話，行好事，作好人。

關羽的意思很明白，希望自己的兒子能照著這十二個字修身養性，處世為人。

當陽縣城南十五公里的地方，有一個山丘，人稱跑馬崗。關羽曾在這裡教關平騎馬。由於他們經常在這裡練騎，馬蹄把山丘上的野草都踩踏壞了。直到如今，跑馬崗還是光禿禿的一個山丘，寸草不生。在當陽、遠安縣交界處，還有一個山坡叫關興坡，關羽曾在這裡教關興學騎練武。關興在關羽的調教下，也成了一名武藝高強的將軍。

十一、魂歸玉泉

關羽在麥城失敗遇害後，魂魄不散，悠悠蕩蕩，來到了當陽玉泉山。山上有位老和尚，法號叫普淨。他原本是汜水關鎮寺的長老，後來，雲遊天下，來到這裡，因為看到這裡山清水秀，是個修煉的好處所，就結草為庵，每天打坐參禪。

這天晚上，月明風清，過了三更時分，普淨正在草庵中靜坐，忽然聽到半空中有人大聲呼叫：「還我頭來！還我頭來！」

普淨走出草庵，抬頭仰望，只見在空中呼喊的那個人騎著赤兔馬，手握青龍偃月刀，雖然沒了項上的頭，也知道他是關羽；又見他的兒子關平、部將周倉緊隨左右。普淨便將手中拂塵一揚，叫道：「雲長何在？」

關羽聽人喚他，便下馬來到草庵前，問道：「師傅，您是何人，怎知道雲長？願知道您的法號！」

普淨說：「老僧是普淨，從前在汜水關鎮國寺中，咱們見過面的，您忘記了嗎？」

關羽這才想起，當年他出了許都，千里走單騎，在汜水關鎮國寺下榻。汜水關守將卞喜在寺裡埋伏下刀斧手二百餘人，想暗算關羽。幸得普淨和尚示意搭救，才得脫險。

關羽說：「前次蒙您搭救，我一直銘記在心，沒有忘記。今天，關某遇害身亡，心中不平，請大師指點迷津。」

普淨說：「過去的、現在的一切是非，都不必提起了。前因後果也不要再說了。關將軍現在為呂蒙所害，就大呼『還我頭來』！可是，將軍您想過嗎？那顏良、文醜，以及五關被殺的六將，又該向誰去索要他們的頭？」

關羽聽了普淨這番話，恍然大悟，便一迭聲地說：「是了，是了！」於是，他稽首皈依了佛門，魂歸玉泉。當地人就在玉泉山為他建了廟宇，四時致祭。後人在廟前寫了一副對聯：

赤面秉赤心，騎赤兔追風，馳驅時，無忘赤帶；

青燈觀青史，仗青龍偃月，隱微處，不愧青天。

十二、征戰蚩尤

宋朝大中祥符年間，有一年夏天，正是河東鹽池生產的旺季，可是，鹽池卻陰風森森，天昏地暗，顆鹽不生。管理鹽池的官吏十分焦急，就到處燒香拜神，祈祝禱告。有一天晚上，他在睡夢中見一個青面獠牙的怪物，厲聲說：「我是蚩尤，天帝讓我管理鹽池，產不產鹽，得遂我的意！」鹽官醒來，嚇得一身冷汗。他知道非同小可，鹽池產不下鹽，誤了朝廷的財政收入，那可要掉腦袋。他立即報告給皇帝。宋帝聽了這個消息，也十分發愁。他差人找來護國張天師，叫他想個辦法對付蚩尤。張天師說：「蚩尤神通廣大。當年，他和軒轅黃帝大戰時被殺死，血流入鹽池化為鹵水，讓萬世人食用。如今，他是個精靈，法力很大，我也無法制服他。」

宋帝聽了，越發焦急不安。張天師想了想說：「三國時的關羽，是河東解縣常平人，他升天後被封為伏魔大帝。要想降伏蚩尤，皇上可以擺設香案，祈告關帝為鄉里除害。倘若關帝慈悲，就有指望了。」

宋帝就立即命令人擺設香案，親行大禮，祈告關帝下凡除魔。

第二天，河東鹽池上空，烏雲翻滾，雷鳴電閃，戰馬嘶鳴，金戈鏗鏘，好像有千軍萬馬在對陣廝殺。

原來，伏魔大帝關羽應了宋帝的請求，帶領天兵天將，來到河東鹽池討伐蚩尤，兩家兵馬就在半空中殺將起來。

蚩尤魔高膽大，變化多端，手下的妖魔鬼怪也多；而關羽帶來的天兵天將卻很少。兩家兵馬對陣多時，只殺得天昏地暗，眼看著關羽就要敗陣，這時，關羽睜開龍鳳眼往下界一看，只見田地裡有許多農民在歇晌午，他就隨即作了一道法，借了這些農民的魂，暫充他的兵，說準午時三刻歸還魂靈。這些生力軍一參戰，蚩尤就招架不住了。蚩尤也隨即作法，讓他的妖兵鬼將，都變成和關羽統領的天兵天將一樣的裝束，想渾水摸魚。關羽識破了他的陰謀，立即吩咐自家兵將都採一片皂角葉佩戴在身上，做個標記。蚩尤見了，也命妖兵鬼將採樹葉佩戴。怎知道，他們採的是槐樹葉。又戰了一時三刻，槐樹葉經不住日頭曬，都蔫了。而關羽的天兵天將戴的皂角樹葉依然蔥綠如新。關羽隨即下令，只殺那些戴槐樹葉的。不大工夫，蚩尤的妖兵鬼將就敗下陣來，紛紛被殺。蚩尤見勢不好，心裡發慌，正想作法逃脫，關羽策馬趕到，飛起一刀，將蚩尤劈為兩截。蚩尤的血又滾滾流入鹽池，化作了鹵水。蚩尤的屍骨被收埋在中條山下的蚩尤村。蚩尤村也叫池牛村，後來又改名從善村，有改惡從善的意思。

關羽除了蚩尤，隨即將借來參戰的農人的魂送到下界去復生。哪知道，由於一場惡戰，早已過了午時三刻，農的身軀因天氣炎熱，已經腐爛了。他們再也無法還魂復生，只好把屍體埋了。那個地方叫原王莊（枉莊），含有「冤枉」的意思。

事後，關羽覺著很對不起原王莊的村民，就請宋帝減免了原王莊村民的課稅，還將他從小學會的做豆腐手藝傳授給原王莊村民。至今，原王莊人做的豆腐最好吃，四鄰五鄉都比不上。

蚩尤精靈被伏魔大帝關羽殺死，河東鹽池的生產又恢復了正常。因為有這一段傳說，後世，鹽池的鹽號都十分敬重關羽，奉祀他的神位，逢年過節都要鄭重祭奠。但是，在河東鹽池附近的蚩尤村和原王莊，卻從來不敬關羽，就是劇團來到這裡，所有的「關公戲」都不能演出。

從以上這些民間口頭文學中，可以看出，關羽是以人、聖、神等不同的角色出現的，反映在不同的歷史時期，社會對他的認識與評價，總的趨向是肯定與崇敬的。民間口頭文學中的關羽形象，在普通老百姓中間影響是廣泛而且深刻的。在某種程度上說，群眾自己創作並予以傳播的關羽形象，更貼近生活，更加受到群眾的喜愛。

第七章　走向神壇

關羽生前雖然曾經創立過「威震華夏」的功業，是三國時期一位赫赫有名的戰將，位列劉備的五虎上將之首。但是，他畢竟還只是一個普通「人」，位不過是將軍，封不過是列侯。待到他去世以後，卻逐漸被神化，由侯而王，由聖而帝，成為一位「歿有神威鎮九天，萬古寰區皆廟祀」「封王祀典乾坤久，信史功名日月高」的、具有無上權威的「神靈」，達到登峰造極的地步。他與孔子被尊為「文武二聖」。「文聖」孔子在中國歷史上影響很大，但是，與「武聖」關羽比較起來，他在百姓中影響的深廣程度，還是比不上關羽。孔子還沒有能夠達到「婦孺皆稱」的程度。

關羽的走向神壇，有眾多的原因。

歷朝封諡

在關羽從人到神的過程中，歷代封建統治階級的倍加尊崇、累累封諡，是「功不可沒」的。

關羽最初追隨劉備，只不過是一個馬弓手，後來成為統領部曲的別部司馬，職位也極低。漢獻帝建安四年（一九九）劉備被拜為左將軍，關羽和張飛均被授為中郎將。後來，劉備、關羽、張飛又從許都出走，擁有徐州，關羽暫攝下邳太守職務。

建安五年（二〇〇），曹操東征徐州，劉備兵敗逃走。關羽被俘投降，隨曹操去到許都，被拜為偏將軍。當年，由於關羽解白馬之圍有功，被表封為「漢壽亭侯」。「亭侯」是一個爵位不高的封號，但對關羽來說，卻是一種難得的榮譽。拜將封侯是曹操籠絡關羽的一種手段，他想透過這種辦法，引關羽為己用。對此，關羽並不十分領情。他認為自己是做漢朝的將軍，得到的是漢朝皇帝的封賜，他心中念念的只是漢王朝。

建安十四年（二〇九），劉備以關羽為蕩寇將軍，襄陽太守。

建安二十四年（二一九），漢中王劉備拜關羽為前將軍。這年十二月，關羽遇害。

關羽生前的職位僅為將軍，封號也僅為漢壽亭侯。但是，在他死後，對他的封諡卻紛至遝來，不斷提高他的地位。

最初的封諡是在蜀漢景耀三年（二六〇），後主劉禪追諡關羽為壯繆侯。這是在關羽去世四十一年之後。與關羽同時被追諡的還有張飛、馬超、黃忠、龐統以及趙雲。

在北宋時期，宋徽宗於崇寧元年（一一〇二）追封關羽為忠惠公。

崇寧三年（一一〇四），宋徽宗又封關羽為崇寧真君。宋徽宗趙佶篤信道教，自稱是上帝元子太霄帝君下凡，因此自命為教主道君皇帝。他在京都開封和許多大城市都修建了眾多道教的宮觀，還設立了道官二十六等，與政府官員一樣領取俸祿。趙佶封關羽為崇寧真君，是根據他的需要，有意將關羽和神權、道教合為一體，為他的統治服務。

宋徽宗在位期間，對關羽還有過兩次封謚。即大觀二年（一一〇八）封關羽為昭烈武安王；宣和五年（一一二三）再封關羽為義勇武安王。

偏安江南的南宋皇帝，儘管苟且偷生，醉生夢死，但是，仍像前朝皇帝一樣，對關羽倍加眷顧。

宋高宗於建炎二年（一一二八）三月十五日，封關羽為壯繆義勇武安王。

宋孝宗於淳熙十四年（一一八七）十一月二十一日，封關羽為壯繆義勇武安英濟王。

蒙古族建立的元代政權，對佛教很尊崇，也重視關羽。元世祖忽必烈以關羽為監壇。這是繼宋徽宗將關羽與神權、道教合為一體之後，將關羽與神權、佛教合為一體。關羽再次被視為佛教的神靈。在此之前，早在隋代開國之初，關羽便被智顗引進佛壇，在玉泉山成為佛門伽藍守護神。

元文宗於天曆元年（一三二八），封關羽為顯靈義勇武安英濟王。

明太祖朱元璋於洪武元年（一三六八），又恢復稱關羽為「壽亭侯」。由於這個皇帝與官員的無知，不知「漢壽」為地名，「亭侯」是爵號，竟稱關羽為「壽亭侯」，開了關羽一個玩笑。到明世宗嘉靖十七年（一五三八）才又訂正為漢壽亭侯。明武宗正德四年（一五〇九），賜關廟曰忠武廟。明神宗萬曆十年（一五八二），封關羽為協天大帝。明萬曆十八年（一五九〇），封關羽為協天護國忠義帝。明萬曆二十二年（一五九四）應道士張通元的請求，晉關羽爵位為帝，賜關廟曰英烈廟。

明萬曆四十二年（一六一四）十月十日，封關羽為三界伏魔大帝神威遠震天尊關聖帝君。同時封關羽夫人為九靈懿德武肅英皇后，長子關平為竭忠王，次子關興為顯忠王，長期追隨關羽的部將周倉為威靈惠勇公。

明代將關羽的封謚提高到一個新的地位：帝。由在世的皇帝封謚故去的人臣為帝，實在是荒唐可笑的。然而，由於是皇帝的「金口玉言」，且對關羽本人沒有任何損害，只會增加他頭上耀眼的光環，所以，世人還是接受了。

到清代，滿族統治者對關羽的封謚，比之前代，有增無減。

清世祖順治九年（一六五二），封關羽為忠義神武關聖大帝。據《清文獻通考》卷一百零五記載，清世宗雍正三年（一七二五），封關羽祖輩三代，曾祖為光昭公，祖為裕昌公，父為成忠公。而且規定在關羽祖輩的供奉牌位上「僅書爵號，不著名氏」。因為，關羽祖輩的名諱一直不清楚，直到盧湛在康熙三十二年（一六九三）編撰的《關聖帝君聖跡圖志全集》收錄王朱旦在康熙十七年（一六七八）撰寫的《漢前將軍壯繆侯關聖帝君祀墓碑記》的文章，才出現了關羽父祖三人的名諱，因「與正史不合，尊崇正神，理宜詳慎」。這就是說，清王朝也懷疑盧湛志書中關羽父祖名諱的真實性，所以，採取慎重態度，不予署名，只寫爵號。同年，授關羽在河南洛陽的後裔為世襲五經博士。

清世宗雍正四年（一七二六），依照洛陽先例，授關羽在山西解州後裔世襲五經博士。

清世宗雍正十年（一七三二），又授湖北當陽關羽後裔世襲五經博士。

清高宗乾隆二十五年（一七六〇），改關羽原謚壯繆侯為神勇侯。

清高宗乾隆三十三年（一七六八），封關羽為忠義神武靈佑關聖大帝。

清高宗乾隆四十一年（一七七六），又改乾隆二十五年（一七六〇）謚關羽的神勇侯為忠義侯。

清仁宗嘉慶十九年（一八一四），封關羽為忠義神武靈佑仁勇關聖大帝。

清宣宗道光八年（一八二八），封關羽為忠義神武靈佑仁勇威顯關聖大帝。

清文宗咸豐四年（一八五四），封關羽為忠義神武靈佑仁勇威顯護國保民關聖大帝。

清文宗咸豐五年（一八五五），又加封關羽三代祖輩為王，曾祖光昭王、祖裕昌王、父成忠王。清文宗又加封關羽為忠義神武靈佑仁勇威顯護國保民精誠綏靖關聖大帝。

清穆宗同治九年（一八七〇），封關羽為忠義神武靈佑仁勇威顯護國保民精誠綏靖翊贊關聖大帝。

清德宗光緒五年（一八七九），封關羽為忠義神武靈佑仁勇威顯護國保民精誠綏靖翊贊宣德關聖大帝。

由於清代皇帝屢次加封，有清一代關羽的封號長達二十六字，採用了眾多美好的文辭，超過了前代任何王朝。竊國大盜袁世凱一心想當皇帝，他對關羽也極為推崇，一九一四年曾下令將關羽和岳飛同祀於武廟。關羽生前是絕不會想到他身後會得到這樣的榮耀，歷代皇帝會給他這樣美好、崇高的封諡，集神權、儒教、道教和佛教的尊位於一身。

封建統治集團為什麼要對關羽這般敬重呢？分析其原因，概要有三：

首先，以關羽心懷忠義始終不二事奉劉備作為典範，作為偶像，要求他們的臣民能夠忠誠、順服於皇帝，從而鞏固封建王朝的統治。因為統治封建王朝的皇帝儘管自命不凡，居於人世間至高無上的地位，但是，他們也很明白，如果沒有忠於自己的天下臣民的擁戴，他們的地位是不能鞏固的。正如唐太宗李世民所說：「君，舟也；人，水也。水能載舟，亦能覆舟。」君民的關係既然若此，所以，他們就要給自己的臣民樹立一個「忠義」的榜樣，而關羽正是能夠成為這一榜樣的理想人物，借他的聲名、形象，可以起到教化廣大臣民的積極作用，達到將封建統治王朝建立在一個由忠誠臣民擁戴的較為鞏固的基礎上，以使江山永固。

其次，以關羽為幌子，利用他的聲名、形象，解決少數民族統治政權與漢民族的民族矛盾。這在元代建立的蒙古族政權和清代建立的滿族政權最為明顯。這些少數民族入主中原，建立了他們的統治政權之後，總是被人口眾多的漢族視為異族入主中國，存在著潛在的不滿、反抗情緒，這對統治者無疑是很大的威脅，使他們很不安。為了解決這種民族矛盾，由統治者樹立一個漢人的形象，有利於緩解漢族對少數民族統治政權的對立情緒。滿族入關前，清世祖愛新覺羅·福臨就行「桃園三結義」之舉，與蒙古族的可汗約為兄弟，他自居劉先主；蒙古可汗作為二弟，如同關羽事奉劉備一樣。在滿族首領與蒙古族首領之間，也建立起這種形同君臣、親如兄弟的關係，蒙古可汗臣奉於滿族首領。入關前，滿族還在各地建立關廟，供奉關羽的神像、神主。進關以後，清朝歷代皇帝都對關羽大加封諡，而且，在宮廷裡供奉著關羽神位，歲時崇祀。清聖祖愛新覺羅．玄燁更編造了一個「神話」，稱他是劉備轉世，而且和關羽有過「接觸」。據說，有一天他正要去臨朝議事，行走間，忽聽身後有腳步聲，便問：「身後何人？」回答說：「二弟關羽。」他又問：「三弟何在？」回答說：「鎮守遼陽。」他編造這樣的「神話」，無疑是要說明：我是劉備轉世，前世也是漢人。二弟關羽時刻追隨在我身旁，三弟張飛在為我扼守邊防重鎮，這大清一統江山，有我們齊心合力，會永遠太平的。當然不僅如此，康熙皇帝傳播這個「神話」，還在於要在他的臣民中，引起一種「忠義」的心理效應，消除反滿的民族對抗情緒，讓他們像關羽那樣，盡忠盡義，竭忠輸誠於統治者，勇武地為統治者、為維護大清政權而獻身。

第三，以關羽為神靈，祈安求福。封建王朝的皇帝，無論他們怎樣自命不凡，說什麼是「真命天子」「黃龍下凡」等等，而在心理上是很不踏實的，他們除了採取眾多行政、軍事統治手段以維護其統治地位以外，在精神上，則祈望上天的神靈能夠佑護他們。宋代皇帝尊崇道教，封羽為「真君」，元代皇帝崇信佛教而封關羽為「監壇」，無疑是這樣一種精神需要的反映。他們認為只要有神靈護佑，就可以保國安民，江山永固。當然，封建統治者對關羽的這種利用，不僅僅限於自我心理的依侍，他們還要利用這個神靈去欺騙、恫嚇那些敢於向封建王權統治挑戰的反抗者。清朝嘉慶年間清政府出師鎮壓北方的天理教起義，豐年間兩廣總督葉名琛鎮壓廣東天地會起義，都曾搬出關羽來，聲稱他們對起義群眾的血腥屠殺，得到了關聖大帝的暗中幫助。這無疑是向造反的群眾昭示：你們的行為連關聖大帝都反對，你們受到鎮壓是罪有應得。從而，在心理上威嚇起義群眾。

封建統治階級就是以這樣的意旨，將一個歷史人物關羽，逐步推崇到一個至高無上的神的地位。與儒教、佛教、道教相表裡，使關羽從人變成了神，走上了神壇，在一個數百年的漫長歷史過程中受到崇奉，經久不衰。當然，如果關羽僅僅是得到各個教派和封建統治階級的推崇，他也未必能夠這樣持久下來。應該看到，關羽從人到神的過程中，還有另一方面的因素，即人民群眾的尊崇作用。

關廟遍天下

在中國，供奉孔子的文宣王廟是很多的，在各個城邑都有這類建築。由於關羽從人演化成了神，供奉他的神廟亦遍佈天下，京都大邑，邊遠小城，荒村山野，隨處可見。《關聖帝君聖跡圖志全集》卷之四中云：

長河之北，大江之南，陋之而偏州，迂之而僻縣，枵（空虛）然數十家之聚，輒哀（聚集）金券地，畚土伐木，寧鶉（鶉衣，破舊的衣服）衣百結，不敢虛朡於雲長之祀事，寧蝸涎一角，不敢乏牲酒於雲長之畝宮。

人們節衣縮食，也要把敬奉關帝的事辦好。因此，武聖關羽祠廟建築之多，遠遠超過了文聖孔廟，而且，有些地方關廟的建築規模，也超過了當地的孔廟。

在中國，到底有多少關廟？現在很難見到精確的統計數字。但就筆者所知，關廟不僅遍佈漢族居住地區，而且在邊遠的少數民族居住地區也建有關廟。

最早的關廟建造在何處?有兩種傳說。

一種傳說是，關羽被害後，蜀漢皇帝劉備為了幫他報仇，便親率大軍東征孫權。他在進軍途中，曾經親自到當陽關羽喪命之地拜祭，並在當陽玉泉山為關羽建造了武烈廟。現在，這個武烈廟已經不存在。

另一種傳說是，劉備在白帝城亡故後，諸葛亮輔佐阿斗做蜀漢皇帝，他曾南征孟獲，在此期間，他於夷族之鄉，即現今的雲南省，建造了關廟。現代人李純君先生有一篇文章談到了這個傳說，並且說，至抗日戰爭時期，關廟依然矗立在當地。據一九六一年香港版《關聖帝君聖跡圖志全集》(增集)：李純君有《孔明建關廟於孟獲鄉》一文，刊於一九六一年《龍岡秋季刊》二九頁。略謂：據傳孔明於三擒孟獲時，使趙雲、魏延與孟氏族人最有力之孟龍、孟虎較重武器;為趙、魏勝之。孔明反置酒為之壓驚，並令其導往黑泉，知有毒，令封閉之，而在黑泉上面建關侯廟。廟塑關公父子及周倉三泥像，並定以永昌縣(今屬雲南省)縣宰為主祭官，撥大量公田為廟產。並將關侯一生大事，勒石為碑以示邊民。該廟自漢至今猶嶄然矗立於原地，廟貌莊嚴如故，蓋歷代帝王均有重修也。戰時，我遠征軍赴緬甸配合盟軍作戰，道出保山縣(今屬雲南省。漢時的永昌舊址即在保山縣)，經過金鋸村及諸葛營各地，得瞻此一間最古老之關侯廟。

當年，諸葛亮在「三擒孟獲」(《三國演義》寫為「七擒孟獲」)的少數民族地區建立關侯廟，大概是想以關大將軍的神威震懾「蠻主」，並以他的忠義精神教化夷族，以達到使這些少數民族永遠臣服於蜀漢的目的，符合諸葛亮在《隆中對》中提出的「南撫夷越」的戰略思想。

諸葛亮在少數民族地區建立關廟，正史沒有記載。但是，從上述文章的介紹來看，極可能是事實。因為，關羽生前沒有到過那個地方，只有諸葛亮帶兵去征戰過。那裡也有諸葛亮祠，可能是少數民族或後人建築以紀念他。在諸葛亮征討孟獲後，要挑一個蜀國大將「震懾」夷族，關羽是最理想的人選。當時關羽已過世，比其他大將名望都高，為他建祠是可能的。而且，當地有關廟是事實。明代著名旅行家徐霞客（一五八六－一六四一）曾到雲南永昌一帶遊歷過，在他寫的《滇遊日記》（卷七、卷八）中曾多處提到關廟：

梁之南，居廬亦盛，有關帝廟東南向，是為大屯。復上西崖，其南一峰高聳，憑空揖瀑，是為龍光台，上建關帝殿。回盼久之，復下西崖。

在此書卷十、卷十一中，徐霞客還多次提到諸葛亮：

其西寶蓋山穹立甚高，東下而度一脊，其南北甚狹，度而東，鋪為平頂，即太保之頂也……舊武侯祠在諸葛營，今移於此頂。

五里，過神濟橋。其南居廬連亙，是為諸葛營，諸葛之祠在焉。

這一方面足以說明，在明代或明代以前，那裡的關廟就已經有了，而且不止一處；說它始建於諸葛亮的時代，也有可能。另一方面也說明，在抗日戰爭時期，中國遠征軍途經這裡出國時曾看到過關廟和諸葛營遺址，不是虛妄之說。如果劉備在世時在玉泉山為關羽建武烈廟，或者諸葛亮在世時於此「夷鄉」建立關廟之說能夠成立，那麼，這兩地的關廟就是中國最早的關廟建築了，比隋代在湖北當陽玉泉山建築的關廟要早三個多世紀。還有一個傳說，關羽在生前鎮守荊州時，由於聲名卓著，受到當地人士的敬重，因此，曾為他建立了生祠，並塑了像。一九三二年在廣州一家報紙上曾刊載過一張關羽塑像照片。據照片提供人說，照片中的塑像，就是荊州關羽生祠中的塑像。但是，由於沒有其他任何記載和實物（遺址）佐證，筆者一九九三年在荊州實地考察時也就關羽生祠一事進行過一些調查，卻不得要領，這一說法的可靠性是值得懷疑的。

自宋、元以後，中國各地關廟就多起來了，明、清兩代就更多了。在中國的邊遠地區如西藏的雪域、新疆的大漠、黑龍江畔的邊村，都建有關廟。其他如香港、澳門，也都建有關廟。

臺灣的關廟建築尤為普遍。臺灣有個統計數字，島內關廟有五六百處之多。小小的臺灣有這麼多關廟，密度很高。而且，關廟裡的香火很盛，祭祀活動也很隆重、熱鬧。臺灣人對海上保護神媽祖也很崇拜，但是，對關羽的崇拜遠遠超過了媽祖。

在海外，東南亞一些國家如越南、馬來西亞、緬甸、印尼、泰國，都有關廟建築。甚至在澳洲和美國，也建造有關廟，關羽在那裡也受到崇奉。與中國「一衣帶水」的日本橫濱、神戶、長崎、大阪、函館等地，也建有關廟。日本島內建關廟，在清代就有記敘，據《解梁關帝志》卷之二記載：

帝廟遍天下，雖海外亦然。日本國所建廟在五島乃路。

筆者還曾看到新聞媒介報導的消息，前些年日本曾新建了一處富麗堂皇的關廟，據稱是海外建築規模最大的關廟。如果說，在東南亞各國興建關廟，與在那裡僑居的眾多華人有關的話，那麼在日本、澳洲、美國建立關廟，關羽在那裡亦享有盛名，那就是另一番原因了。

除與華僑聚居、信仰有關外，還恐怕與關羽所代表的東方文化道德精神有關係。在日本，這些年來出現了一股「三國熱」，許多人對《三國演義》很有興趣。除了在文學藝術方面進行探討之外，還從經濟管理的角度，將《三國演義》中所渲染的「忠義」精神引進現代企業管理，用「忠誠」作為凝聚員工的向心力。這種「忠義」「忠誠」精神在關羽這一歷史人物和文學藝術典型形象身上得到了十分充足的表現，這是很值得研究的關羽文化現象。

在中國所有的關廟建築中，建於山西省運城市解州鎮的關廟規模最大、最為宏偉，堪稱天下第一關廟、武廟之冠。

解州關帝廟位於運城市解州鎮西關，南面中條山，背負硝地灘（即古代之女鹽池），東北是古老的河東鹽池。佔地面積達二十二萬平方公尺，有房屋二〇〇餘間。

解州關帝廟的創建時間，有幾種不同的說法：

一是創建於陳、隋時期，沒有確切年代。

二是創建於隋文帝開皇九年（五八九）。

三是創建於宋真宗大中祥符年間（一〇〇八—一〇一六）。

筆者認為，解州關廟創建於隋代是可能的。因為，在南朝陳霸先建國後，後來的皇帝崇拜佛教，對當時的高僧智顗很器重。而智顗後來又得到晉王楊廣，即後來登上帝位的隋煬帝的崇敬，被封為智者，是為智者大師。智顗在玉泉寺以關羽為佛院寺守護神。有了這一層因緣關係，解州關廟在隋代創建是很有可能的。宋代只不過是大規模進行了擴建工程。

解州關廟建成之後，由於戰亂、地震、火災等原因，曾多次受到嚴重損壞而又多次進行重建、擴建，歷經宋、元、明、清以及民國時期，重修、擴建工程達三十餘次，終於形成了現在的規模。

解州關帝廟是以帝王宮殿的形式進行平面佈局的。重要的宮殿建築都位於一條中軸線上。沿中軸線兩邊則分別對稱地構造了一些次要建築：石雕牌坊、赭色高牆、殿台樓閣、飛簷斗拱、雕梁畫棟、題匾碑刻……充分體現了中華傳統建築藝術結構嚴謹巧妙、莊嚴雄偉、富麗堂皇的氣勢，而又有它獨具的特色。解州關帝廟建築佈局為兩大部分，即結義園和主廟。結義園。即按「桃園三結義」故事構築的，在主廟的南邊，與主廟僅一條馬路之隔。園門口有結義園木牌坊，園內建有君子亭、三義閣、蓮花池，並有劉備、關羽、張飛三結義石刻像碑。結義園與主廟相比較，它的建築相對來說顯得簡陋、遜色。這可能是考慮到它在這裡整體佈局中處於從屬地位，不宜大肆「渲染」，以免造成喧賓奪主之勢。

在結義園與主廟間的人行大道東邊，聳立著一座構築宏偉的「萬代瞻仰」石牌坊；西邊是一座結構精巧的「威震華夏」木牌坊。

關帝廟的主廟可分為三進。

一進，是前院。由端門、雉門、部將祠、崇聖祠、鐘樓、追風伯祠、胡公祠、鼓樓等組成。

端門亦稱山門，上邊是由高、中、低三層單簷歇山頂，五踩斗拱構成；下邊開一個大門，兩側開二小門。整體建築給人以端莊古樸、氣勢肅然之感。從這裡走進去以後，便是雉門，也叫大門。大門的東邊是文經門，西邊是武緯門，三門儼然形成一體。此外，在東部還建有部將祠、崇聖祠、鐘樓。其中部將祠供奉的是追隨關羽多年，誓與之共生死的部將周倉、王甫、趙累，亦名三賢祠。在西部建築有追風伯祠、胡公祠、鼓樓。其中，追風伯祠供奉的是關羽生前的坐騎赤兔馬，被明代萬曆皇帝封為「追風伯」。胡公祠供奉的是關羽的恩師和岳父胡老先生。進入大門後，便是樂樓，也稱戲樓，上邊懸掛著一塊「全部春秋」的牌匾，大概是寓義關羽一生都在體行著春秋大義。

二進，是前朝，由午門、御書樓、崇寧殿組成。

午門在前，面闊五間，進深三間，四周有青石欄圍繞。門內兩側原有周倉、廖化的塑像，由於戰亂毀壞。後來，被用畫像補繪在門內兩側的牆壁上，同時還繪有關羽生平事蹟圖。午門東面是「精忠貫日」牌坊，西邊是「大義參天」牌坊。由午門前行，穿過「山海鍾靈」牌坊，便是御書樓。御書樓原名八卦樓。清乾隆二十七年（一七六二），為紀念清聖祖康熙皇帝為關廟親題匾額「義炳乾坤」，而改八卦樓為御書樓。此樓面闊、進深各三間，周圍環繞石雕欄杆，兩層，三簷，歇山頂，前有歇山頂抱廈，後為卷棚抱廈，整體構築複雜，雕刻華麗。出御書樓便是崇寧殿，殿前兩旁分別矗立著鐵人、鐵塔、鐵獅子、鐵旗杆。此外，東西還有兩個亭子，東面是碑亭，西面是鐘亭。

崇寧殿是關帝廟中的主殿，周繞青石欄杆，殿前寬敞的平臺上有一張紫銅供桌、一座青銅大香爐、一對大鐵鶴。殿的周圍有二十六根粗大的石柱，上邊雕刻有姿態各異的蟠龍。屋頂為重簷歇山頂，上下均施五踩斗拱。面闊五間，進深三間，周圍有廊二十二間。殿內有關羽塑像，頭戴王冠，身穿龍袍，儼然帝王模樣。塑像上方掛有清朝康熙皇帝親書的「義炳乾坤」巨匾。在殿前門上，則懸掛著清乾隆皇帝手書的「神勇」牌匾和咸豐皇帝書寫的「萬世人極」牌匾。這幾位清代皇帝用他們手中的筆墨對關羽做出了崇高的評價。

三進，是後宮。由寢宮殿、刀樓、印樓、春秋樓組成。由崇寧殿后跨過一個小門，便是後宮。據記載這裡建有寢宮，東西還有配廂，內裡塑有關羽夫人像以及其子關平、關興的夫人像。國共內戰時期被國軍燒毀，現在，改建為小型花園，有一座「氣肅千秋」牌坊。坊後，東邊建有印樓，西邊建有刀樓；最後邊便是春秋樓了。

春秋樓又名麟經閣，是一座兩層三簷歇山頂式建築。第二層用吊柱二十六根伸出平座，支撐著上面的整體建築，而下面卻懸空著，不接觸任何物件。這一建築形式被建築學家譽為構思巧妙、合理的「懸空柱」，在中國傳統建築中是極為少見的。春秋樓內面闊五間，進深四間，周圍有廊二十二間。沿樓內階梯登上二樓。樓內暖閣中有關羽夜讀《春秋》塑像，形象逼真生動。壁上懸掛有一副楹聯：

北斗在當頭，簾泊開時應掛斗；
南山來對面，春秋閱罷且看山。

春秋樓的四周有一百零八個窗扇，據說是代表山西省所轄的一百零八個縣。

在關帝廟內現在還保存歷代遺留的石刻碑二十三通，題詩、題廟聯六十餘副，它們從不同的視角記敘了關廟重建、擴建的歷史變遷過程，以及對關羽一生功業的評說。在關帝廟的東邊還有崇寧宮，早先居住有道士。

有附屬八大宮，即：內宮、新成宮、永清宮、紫陽宮、萬清宮、衍清宮、四聖宮、萬壽宮，有道士二十二人，專司關帝廟內香火、祭祀。中共政權成立後，所有道士均還俗，崇寧宮改建為學校。

在運城市西南十餘公里的常平村，有關羽祖祠，也稱常平關帝廟或關帝家廟，據說是在關羽故居的基礎上建立的，其南面中條，背靠鹽池，西距解州城也僅十公里。

常平關帝廟創建的年代說法也不一。有一種說法是在漢靈帝中平六年（一八九），由村人在關羽父母投井身死的井上建了一座塔，稱塔墓，此塔墓就在關羽祖居院裡，這可能是建關氏家廟之最早的動作。另有一種說法是創建於隋代，與解州關廟在同一時期。由於缺乏文字記載，無法確定具體時代。

常平關帝廟從草創之後，歷經各代修繕、擴建工程，據有文字記載的就達十六次之多。因此，關帝家廟的規模也就相當可觀了，總佔地面積達一點五萬平方公尺。廟的整體布局，也是依照「前朝後宮」的宮廷式的建築規範。廟前有三座牌坊，中為石雕構築的石牌坊，上刻「關王故里」四個大字，東西兩面各有一座木牌坊，分別書有「秀毓條山」「靈鐘鹺海」大字。此外，還有鐘樓、鼓樓對峙兩旁。特別奇怪的是兩旁各鑄一個鐵人手牽獅子把門，而鐵人形象頗似胡人。據說金大定十七年（一一七七）在這裡進行過土木工程，是否是那時的遺物，有待於鑒定。常平關帝廟的主體建築，也是有序地建造在一條中軸線上。進入山門，便是午門和獻殿，其後是關帝殿（亦名崇寧殿），內有關帝塑像，也是王冠龍袍，一副帝王之尊容。殿前兩廂都有配殿，分別塑有關羽的兩個兒子關平、關興像。再後是娘娘殿，塑有關羽夫人像，鳳冠霞帔，也是一副富貴形態。最後是聖祖殿，內裡塑有關羽始祖忠諫公（關龍逢）

及曾祖光昭公、祖父裕昌公、父親成忠公的像；而且，還塑有其曾祖母、祖母、母親三座夫人像。這是很少見的現象。可能是因為這裡是「關帝家廟」，構築者想到了關氏家族中三代婦女，對養育這一位聖人也功不可沒，在塑造男子像時也塑造了婦女像，表現了某種意義上男女平等的意願。

塔墓在廟前午門東南側，是一座八角形七級的磚築塔。塔下有井。據說，關羽殺死呂熊出逃後，其父母就投身此井自溺身亡。而且，其父母的遺骸沉沒井內，始終沒有打撈上來予以掩葬，所以稱為塔墓。

常平關帝廟內現尚保存有歷代石刻二十二通，是有價值的文史資料。

距常平關帝家廟約五公里的中條山上有石磐溝，山坡上有關氏祖塋。關羽的曾祖父母、祖父母都安葬在這裡。墓地上有前代建築的獻廳、祭台等殘存遺跡，還有一通保存完好的石碑，上邊鐫有一行楷書大字：「漢壽亭侯關公祖考石磐公之墓」。碑上，既未刻立碑人姓名，也無立石年月。對關氏祖塋既有人肯定不疑，也有人懷疑其真實性。神州大地上眾多的關廟建築，解州恢宏的關帝廟以及常平不同一般的關氏家廟，使我們看到了一代名將關羽在身後一千七百多年漫長歷史過程中所得到的非凡的榮耀，誠可以說是「名垂千古」「光祖耀宗」了。

隆重的祭祀活動

由於關羽身後聲名日崇、地位益隆，因此，對他的祭祀活動也就被重視起來，與祭祀文宣王孔子一樣，既規範又隆重。僅以清代確定的祭祀規格、禮儀形式為例，就可看出一斑。

清代規定：

關聖大帝廟，府、廳、州、縣歲以春秋仲月（即春季二月、秋季八月）致祭，又五月十三日（按：傳說此日為關羽生日）特祭。祭時並祭三代。其解州廟及祖墓亦同日祭。

祭儀：致齋二日。祭前一日，有司飭廟祝潔掃殿庭內外，奉祝版，眡（大視也）割牲，如壇祭儀。備器，陳牛一、羊一、豕一、登一、鉶二、簠（青銅或陶製食器）各二、簋（青銅食器）、籩（竹製禮器）、豆（陶製、木製或銅製食器）各十，爐一、鐙（金屬食器）一、帛一、香盤一、尊（酒器）一、爵（酒器）三。牲陳於俎（祭器），帛實於篚（竹器），尊實酒，冪（罩）勺具。祭日五鼓，承祭官朝服詣廟，贊禮郎二人引由廟左門入，武官由右門入。至階東盥（洗）手畢，詣拜位前立。陪祭官咸詣拜位序立。典儀贊「樂舞生登歌，執事官各其乃職」，舞六佾（行列。六佾，即用三十六人組成的歌舞行列）進。贊禮郎贊「就位」，贊「迎神」，贊「舉迎神樂」，奏《格平之章》，樂作，贊禮郎贊「就上香位」，引承祭官升東階，入殿左門，就香案前立。贊「上香」，司香跪奉香，承祭官上炷香，三上瓣香，畢。贊「復位」，引承祭官復位立。贊「跪叩興（起）」，承祭官行三跪九叩禮，興，樂止。典儀贊「奠帛爵，行初獻禮」，奏《翊平之章》，舞《干戚之舞》。有司揭尊冪，勺挹酒實爵。樂作，贊禮郎引承祭官升東階，贊「詣神位前」，贊「跪」，承祭官跪，行一叩禮。司帛奉篚，司爵奉爵，各進至神位前。司帛跪奠篚於案，三叩興。司爵立獻爵於案中，各退。司祝詣祝案前跪，三叩興。奉祝版跪案左，樂暫止。贊禮郎贊「跪」，承祭官跪。贊「讀祝」，司祝讀祝（祝文）。讀畢，興，以祝版跪安於神案，叩如初，興，退。贊禮郎贊「叩興」，承祭官行三叩禮，興。典儀贊「行亞獻禮」，奏《恢平之章》，舞同初獻。樂作，司爵獻爵於左，如初獻儀。典儀贊「行終獻禮」，奏《靖平之章》，舞同亞獻。樂作，司爵獻爵於右，如亞獻儀。樂止，舞退。典儀贊「飲福（指祭祀用酒）受胙（祭祀用肉）」。贊禮郎贊「詣受福胙位」，引承祭官至殿中拜位立。奉福胙二人，自東案奉福胙至神位前拱舉；接福胙二人自西案進豆於左。

贊禮郎贊「跪」。承祭官跪。贊「飲福酒」，右一人跪進福酒。承祭官受爵拱舉，以授於左，接以興。次受胙，如飲福之儀。贊「叩興」，承祭官三叩，興。贊「復位」，引承祭官退，降階復位。贊「跪叩興」，承祭官、陪祭官均行三跪九叩禮。典儀贊「徹饌」（食物），奏《彝平之章》。酎樂作，有司徹饌。樂止，贊「送神」，奏《康平之章》。樂作，贊禮郎贊「跪叩興」，承祭官、陪祭官均行三跪九叩禮，興。樂止，典儀贊「奉祝帛饌送燎」，有司奉祝帛香饌，以次送燎如儀。承祭官避立拜位，俟（等待）過，復位。樂作，贊「望燎」，贊禮郎引承祭官詣燎位望燎。禮畢，樂止。承祭官及執事官皆退。同日祭後殿，正中奉三代神位，南向，位各異案。每案羊一、豕一、鉶二。簠、簋各二，籩、豆各八，爐一、鐙二。殿中設案，少西北向，供祝版。東西各設一案，分陳禮神制帛三，香盤三，爵九，尊三，俎、篚、冪、勺具，設洗於後垣門內甬道東。承祭官位殿簷下正中。司祝、司香、司帛、司爵、典儀、常燎各以其職為位，如常儀。承祭官由前左門入後垣中門，盥手畢，升階就位，迎神，引詣正位前，上香，畢，以次詣左右位前，上香，復位，行三跪九叩禮。初獻，讀祝如儀。

凡儀節，均與前殿同。

以上是祭祀的禮儀過程。祭祀中還要念祝文，祝文也各有不同，不同的祝文都是由朝廷確定的。如《春秋二季祝文》為：

惟神，星日英靈，乾坤正氣。允文允武，紹聖學於千秋，至大至剛，顯神威於六合。仰聲靈之赫濯，崇祀典於馨香。茲當仲春（秋），用昭時享，惟祈昭格，克鑒精誠，尚饗！

五月十三日祭祀時的祝文為：

惟神，九宇承庥（蔭庇），兩儀合撰。嵩生嶽降，溯誕聖之靈辰；日午天中，居恢台之令序。聰明正直，一者也。千秋徵肸蠁（肸蠁，分布）之隆，盛德大業至矣哉！六冪肅馨香之薦。爰循懋典，式展明禋；苾芬時陳，精誠鑒格。尚饗！

（清．光緒《山西通志》卷七十二《秩祀略上》）

後殿的祭祀，還另外有祝文。

清代確定的祭祀關羽的規格與孔子一樣，屬於「中祀」，僅次於祭祀社稷壇的「大祀」。但是，僅就禮儀規範來看，「規格」是很高的，形式是特別「隆重」的。首先，祭祀的範圍，除關羽外，同時還祭祀他的三代祖先，祭祀活動遍及全國的府、廳、州、縣，常平家廟、祖墓。

其次，有具體的祭祀時間，除春、秋祭祀外，還有誕辰特祭。

第三，祭祀的禮儀和祭品相當考究、規範、嚴肅。

在封建王朝統治時代，對關羽的隆重祭祀活動，是統治者對關羽崇敬的必然發展。官方的活動不僅代表他們自己的心理趨向，也是導引平民百姓趨同的政治需要。至於民間祭祀關羽的活動，則沒有這麼大的聲勢，也沒有這樣的考究。他們的貢品樸實，禮儀簡略，香火繚繞，鑼鼓喧天，也熱鬧非凡。平民百姓以自己的方式祭祀他們心目中的這一尊神！

第八章　關羽崇拜透視

中國有歷史以來，對三國時期的人物關羽神化之極致，崇拜之盛行，奉祀之廣泛，是找不到第二例的。皇室宮廷，三教寺觀，城鄉家庭，到處有其神主；達官顯宦，宗教信徒，平民百姓，莫不對他頂禮膜拜，影響所及，達於海外。關羽崇拜的這種現象，是非同尋常的，有其深刻的社會文化原因。所以，很值得我們去思考、探究。

三位一體的偶像：名將、文學藝術典型、神

我們在對關羽生平事蹟和身後的榮耀情況進行了一番探究之後，便不得不面對這樣的歷史和現實，即呈現在我們面前的關羽不是「一個」，而是「三個」。

關羽是一代名將，他位列劉備的五虎上將之首，南征北戰，馳騁沙場，風雲一時，有「威震華夏」的卓著戰績，有「忠義仁智」的顯赫聲名。

關羽是一個文學藝術典型，在平話、小說、戲劇、詩詞、民間文學等體裁中被塑造成一個既是歷史的、又是文學的個性鮮明、栩栩如生的典型人物，各種文學藝術勾畫的綜合典型，取得了為「婦孺所稱」的強烈社會效應。關羽是一位被世人尊奉的神，他被多種教派、統治階級、平民百姓所崇敬。他既高高在天上，又時時在人間，「廟祀遍天下」「崇祀歷千年」，享受著綿綿不斷的人間香火，成為信徒心目中的「全國之神」——華夏第一神。

這三個關羽，乍看起來是「三個」，分別屬於歷史，屬於文學藝術，屬於宗教，但是，你中有我，我中有他，他中有你，又是不完全獨立、割裂開來的，是有所關聯、相互依存的，從而成為「三合一」的綜合體。

「俱往矣，數風流人物，還看今朝。」這句著名詩詞，道盡人間滄桑，多少風雲一時的人物被湮沒在滔滔不息的歷史長河中。隨著時間的推移，他們在世人的記憶中悄悄地淡化、消失。然而，關羽卻不同於一般。「三個」關羽形象，在歷史發展的過程中，滲透著、融合著、擴大著。於是，集歷史的關羽、文學藝術典型的關羽、神化的關羽為一體的「複合」了的關羽便出現了，成為中國這塊古老土地上芸芸眾生崇拜的偶像，長盛不衰。時至今日，關羽還

有著廣泛的影響，關羽文化的波及面也是相當廣闊的。

關羽及其文化的社會影響

既然成為人們心目中的偶像，關羽及其文化必然會產生社會影響。從以下幾個方面，可以看出其影響所及的範疇。

精神方面

關羽有一種無形的感召力。古往今來，民間眾多的江湖組織，都以「桃園三結義」為榜樣，在他們建立組織之初，就聚眾在關帝廟裡的關羽像前焚香立誓：「有福同享，有難同當，雖不能同年同月同日生，但願同年同月同日死。」這不僅是江湖組織結社的一種模式，也成為其精神支柱。

非但江湖組織如此崇拜關羽，就是封建時代眾多的農民起義組織也拜祭關羽，以關羽為榜樣。如太平天國在其《天情道理書》中就公開倡言：「掃滅世間妖百萬，英雄勝比漢關張。」

為什麼民間江湖組織以及起義的農民造反組織要拜祭關羽呢？究其原因有三。一是以關羽的忠義精神為支柱，團結組織隊伍內部，上下一心，共同奮鬥；二是以關羽的勇武氣概為榜樣，鼓舞士氣，增強鬥志，頑強拼搏，實現奮鬥目標；三是以關羽為神靈，祈求保護，逢凶化吉，轉危為安，直到最後勝利。

從大的方面看，忠義精神，對無論是居住在中國這塊古老土地上的華夏兒女，還是寓居於海外異鄉的僑胞，都具有一種聚集力、凝固力。過去，曾有人形容中國人是一盤散沙。但是，歷史發展證明，在遇到異族侵略、民族危亡、國難當頭的時候，中國人所表現出來的那種團結一致、共同對外的精神，是異乎尋常的。在這種民族精神的大旗下，中華兒女趨同認識，團結奮鬥，努力拼搏，不怕犧牲，為國保民。在這種民族精神中，是融合有忠義精神的。因為忠義思想一代又一代潛流在中華兒女的血液中，總是要表露出來的。于右任先生說：「忠義二字團結了中華兒女。」其主旨意思，大概就在於此吧。

道德風尚方面

社會道德風尚的淨化、純潔，需要長期的教育、導引，但是，也需要強力去約束、規範。關羽這個偶像，在社會道德風尚淨化方面，也具有一種無形的威懾力。在他的神靈面前，芸芸眾生會有一種畏懼感，從而會促使一些人自我去克服邪惡意念。在香港就有過這樣一種風尚：按照香港自古以來的風俗，民間遇到錢財糾紛，口舌是非，冤仇曲直，例來不願驚動官府，雙方事主來到文武廟，焚黃表，斬雞頭，對天盟誓：「關聖帝君在上，小民受人欺負，蒙辱含冤，如有妄言偽語，有如此雞，身首異處！」這是香港人最隆重的起誓取信的儀式，世世代代都是這樣的，連港府的法院都允許。本來，英國人審案要讓原告、被告手按《聖經》起誓的，但這種方法對華人並沒有什麼約束力，倒不如斬雞頭，華人在關公面前沒有敢發假誓的，關公比《聖經》還有權威。所以遇到疑案，法院便要他們到文武廟來斬雞頭，案子輕易就斷了。這種風俗一直延續到本世紀初呢。（霍達《煙雨文武廟》，《光明日報》

一九九七年五月一七日第六版）

關羽具有的無形威懾力，使當事人懷有一種莫可名狀的敬畏心態，使其不敢妄語偽飾，對淨化社會道德風尚方面，產生了積極的影響。

行業保護方面

在封建時期，眾多的行業幫會，都尊關羽為其行業保護神。如成衣店、綢緞莊、皮店、煤鋪、腳行、人力車行、肉鋪、鏢局，甚至員警等等。這些行幫大都屬於市民階層，生活在社會底層，他們在生存環境中，會遇到各種各樣的壓力與困難，為求得在險惡的社會環境中自身安全有所保障，能夠生存和發展，他們便不得不祈求神靈的保佑，這是眾多行業幫會要關聖帝為其保護神的原因所在，也是眾多行業幫會成員的精神寄託所在。其他如過去河東鹽池的鹽商，也是每個鹽號都很虔誠地敬奉關羽，其起因就是發生在宋代大中祥符年間的所謂「關公戰蚩尤」的神話，這位關聖大帝也就成了河東鹽池鹽商的保護神。

民俗方面

關羽能夠在某一地域形成或影響一些民俗。

在山西省運城市安邑一帶有這樣一種民俗：

四月初一日，懸皂樹葉，詳關帝破蚩尤異聞。

（《安邑縣志》卷五《風俗》）

這個「懸皂樹葉」的民俗的由來是「關公戰蚩尤」的神話。

安邑這一民俗的形成，看似荒唐，而有這一民俗，卻是事實。這是由「關公戰蚩尤」的新神話而形成的地方民俗。而且，非止民俗，還有與此新神話有關的地名（村名）出現。如運城市有留駕莊，說是關羽戰蚩尤時，劉備趕來助戰。他騎了一頭騾子，行走到留駕莊村，騾子要生駒，就把這位蜀漢皇帝劉備「留駕」到這裡。因此，這個村子就被叫作留駕莊。當我們把安邑這種民俗和留駕莊村名的由來看作是「新神話」所致的時候，也不得不承認，關羽及其文化影響的廣泛。

在河北省農村還曾有過農民遇天旱找關聖帝祈雨的風俗，而且很奇特。天旱時，農民便到關帝廟抬關聖帝君的塑像到火毒的太陽下去遊鄉，而不是抬龍王爺的塑像遊鄉，讓關聖帝君也經受旱魃為虐的折磨，從而布降甘霖。據說，關聖帝君也有呼風喚雨的法力。

仁愛方面

關羽曾被陳壽評價為「善待卒伍而驕於士大夫」（《三國志》卷三十六《蜀書．張飛傳》），足見關羽生前對普通士卒是很能親近、體貼的。這可能與他的出身和性格有直接的關係。在他去世成神之後，大量的民間故事說關羽的神靈能夠走近平民百姓，關心、消除平民百姓的疾苦，滿足普通老百姓的某些祈求、願望，諸如賜財運、利商賈、扶正祛邪、治病療疾等等，關聖帝君成為人們仰托的保護神，體現了關羽仁愛之心的廣布天下。關羽之所以能成為世人心目中的全能之神——華夏第一神，家家頂禮，戶戶膜拜，原因即在於此。

關羽及其文化，當然也有負面影響，主要是封建迷信思想。由於把關羽崇拜為神，這種封建迷信思想的廣泛傳播，便勢所必然。這是其社會影響的消極方面。

關羽崇拜的社會文化心理

從中國傳統的社會文化心理角度透視，關羽崇拜現象絕不是偶然的機遇所造成，而是一種社會文化心理發展的必然反映。

當筆者要對關羽崇拜的社會文化心理進行剖析的時候，不得不首先聲明：我們面對的不是「某一個方面」的關羽，而是「複合」了的關羽，即集歷史名將、文學藝術典型、神三位一體的關羽，因為，只有這一個關羽，才能在人的心理上產生深刻的磁場效應。

關羽崇拜的社會文化心理，集中反映在以下幾個方面。

一、崇尚忠誠的文化心理

中國傳統的文化將忠誠譽為崇高的美德。

在封建時代，統治階級歷來提倡忠的道德，其目的是十分明確的，就是要薰陶、教育、造就一批又一批忠誠於封建君主、封建王朝的臣民，以維護其統治政權的牢固地位。在這種思想體系孕育下，人們視「忠信」為「立身之本」（薛瑄《讀書錄》卷八）。忠君被看作是一種高尚的美德。而在下的臣民則把「忠君報國」作為自己追求的道德目標。人們普遍把「忠臣」「忠良」視為楷模；而把反復無常、朝秦暮楚、叛君背國之徒視為奸佞小人，不齒於人類的狗屎堆。「忠節令圖，君子高行，屈節附逆，義士所恥。」（《晉書》卷一百《陳敏傳》）

這是一個準確地反映了人們文化心理的概括。

關羽追隨、事奉劉備始終不貳。劉備與曹操在徐州交戰，劉備兵敗逃亡，關羽被俘投降，被曹操帶回許都，拜將封侯，賞賜很多。這在關羽一生經歷中，應該說是影響他聲名的一個污點。但是，人們——而且是大多數的人們，並不責備他，並不以此一時的成敗論英雄，反而卻十分欣賞他在許都期間所表現出的另一種情操：「吾極知曹公待我厚，然吾受劉將軍厚恩，誓以共死，不可背之。」（《三國志》卷三十六《蜀書．關羽傳》）戀念故主之情，忠於劉備之心，溢於言表。因此，後世譽為「身在曹營心在漢」。當關羽後來得知劉備下落，便毅然決然「掛印封金」而去，千里單騎、過關斬將，又投奔劉備。

有人認為，關羽對劉備所表現的這種忠誠是「愚忠」，不足為訓。言外之意是，關羽不必對劉備那麼死心眼地忠心耿耿，矢志不渝，他應該識時務，審時度勢，做出更好的選擇。這種認識，無疑是不正確的。

二、崇尚信義的文化心理

中國傳統的文化視信義為高尚的情操。

人而無信，不知其可也。（《論語．為政篇》）

捨生而取義者也。（《孟子．告子上》）

中國的先賢孔子、孟子把「信」「義」看的是如此的重要。

關羽在體行信義的實踐上，歷來被人們視為楷模，突出表現在兩個方面。

一方面，「宴桃園豪傑三結義」，關羽與劉備、張飛結為異姓兄弟，三人共誓：「同心協力，救困扶危；上報國家，下安黎庶。不求同年同月同日生，只願同年同月同日死。皇天后土，實鑒此心。背義忘恩，天人共戮！」（《三國演義》第一回）關羽在此後終其一生恪守了這個誓詞，從未動搖、背叛。他身陷曹營以後，儘管曹操對他拜將封侯，送金送銀，贈袍贈馬，卻動搖不了他對劉備的思念之情、一片忠心，總想著要回到劉備那裡去。最能說明他心情的莫過於曹操贈給他錦袍，他受之後卻穿於舊袍之下，並公開申明：「舊袍乃劉皇叔所賜，某穿之如見兄面，不敢以丞相之新賜而忘兄長之舊賜。」在得到千里駒赤兔馬之後，他在回答曹操「何賤人而貴畜耶」的質問時，又明白地說：「吾知此馬日行千里，今幸得之，若知兄長下落，可一日而見面矣。」從而，曹操都為之感嘆：「事主不忘其本，乃天下之義士也！」（《三國演義》第二十五回）

另一方面，關羽對別人，甚至像曹操，也講信義。他曾對張遼說：「吾固知曹公待吾甚厚。奈吾受劉皇叔厚恩，誓以共死，不可背之。吾終不留此。要必立效以報曹公，然後去耳。」（《三國演義》第二十五回）關羽說話是算數的，他刀斬顏良，為曹操解了白馬之圍，而後離操而去。不但如此，到後來，孫權與劉備結盟，和曹操赤壁鏖戰，曹操兵敗，關羽奉命扼守華容道，曹操帶著殘兵敗將奔此道而來，卻被他「想起當日曹操許多恩義，與後來五關斬將之事，如何不動心？又見曹軍惶惶，皆欲垂淚，一發心中不忍，於是把馬頭勒回，謂眾軍曰『四散擺開。』這分明是放曹操的意思。」終於放走了他的敵人曹操，「只為當初恩義重，放開金鎖走蛟龍」（《三國演義》第五十回）。關羽此一行為也是冒著生命危險的，因為他在軍師諸葛亮帳前立下了軍令狀。關羽為了「信義」，又一次表現了他不惜一切的「義無反顧」精神。

關羽如果僅僅在與劉備、張飛的生死與共中，共同完成「義結同心」，那麼，也只能說明關羽僅僅在「集團」內部講守信義，這種行為無疑有局限性、利己性。而關羽正是突破了這種局限、利己的範疇，廣行信義於世，甚至面對他的敵人曹操，也恪守信義，表現了行為的一貫性，所以，他就贏得了人心。

關羽在自己行為中所體現的恪守信義的道德情操，是符合傳統文化心理態勢的，特別是適應了下層市民百姓的文化心理態勢，將之視為人際關係中的一種優秀品德而倍加推崇。

三、崇尚智仁的文化心理

在中國漫長的封建統治歷史長河中，廣大的平民百姓處於封建君權的殘酷統治之下，因此，他們孕育了一種希望，能夠有智慧之士，惠賜仁愛於天下的文化心理。

關羽被視為智者，且為「大智」。他精通《春秋》。「羽好《左氏傳》，諷誦略皆上口。」（《江表傳》）「志在春秋，近千載，何人解說？兵戈裡，開函靜對，精義發越。」（唐．劉濤《滿江紅》）「春秋之旨，獨得其宗。」（清．張鵬翮）在世人的眼裡，關羽在混亂如麻的東漢末年，能夠透視社會的種種謎團，清醒走上一條為人所稱道的捍衛炎劉政權（或者說是匡扶炎劉政權）的道路，這符合中國傳統的文化心理，這就是他的大智。

關羽也被視為仁者，能施愛心於人。在他生前，便是「善待卒伍而驕於士大夫」，接近普通人，這正是他受普通人愛戴之所在。而在他逝亡成為「神」之後，又以他的萬般智能，廣施仁愛於人世間的芸芸眾生。他明辨善惡，扶正袪邪，除暴安良，救人水火，袪病療疾，避瘟禳災……塵世之間，事無巨細，他都過問，從而使關羽成為生活在各種困苦條件下的平民百姓解脫自己厄運的希望與精神寄托，是取得心理平衡的一個砝碼。人們認為，關羽活在人世時，或死後升天成神，都是可以信賴的，唯有他才關心他們，愛護他們，保佑他們。這是關羽道德特質所產生的一種精神感應魅力。在中國這塊古老的土地上，無論是哪一位封建時期的歷史人物或哪一位尊神，都沒有能像關羽那樣得到人們這樣的崇敬與信賴。

四、崇尚勇武的文化心理

勇武在個人是一種氣質，在民族則是一種精神。中華民族是一個崇尚勇武的民族。崇尚勇武的文化心理，在浩繁的歷史典籍、文學作品、詩詞歌賦、戲劇曲藝、口頭文學、社會生活等眾多的方面，都有充分的表現，成為社會各階層傳統的文化心理共識。中國歷代的勇士、武將如荊軻、廉頗、項羽、韓信、衛青、霍去病、張飛、花木蘭、薛仁貴、羅通、秦瓊、楊家將、岳飛、戚繼光、關天培等都是備受世人喜愛、尊崇、讚譽的。

對關羽的崇拜也體現了這一傳統文化心理，而且達到了令其他勇武之士不可企及的地步。

關羽入仕後第一次參與重大的征戰活動，就顯露出他不同凡俗的神勇氣概。當時，他身為劉備手下一個普普通通的馬弓手，對氣勢洶洶、連斬諸侯聯軍數員大將的華雄並不放在眼裡，聲言：「小將願往斬華雄頭，獻於帳下！」遭到袁術的呵斥。幸得曹操說情，才得披掛出陣。「操教釃熱酒一杯，與關公飲了上馬。關公曰：『酒且斟下，某去便來。』出帳提刀，飛身上馬。眾諸侯聽得關外鼓聲大振，喊聲大舉，如天摧地塌，嶽撼山崩，眾皆失驚。正欲探聽，鸞鈴響處，馬到中軍，雲長提華雄之頭，擲於地上——其酒尚溫。」「溫酒斬華雄」，關羽建立了「威震乾坤第一功」（《三國演義》第五回）。

溫酒斬華雄，對關羽來說，只不過是小試牛刀而已。

關羽的勇武更充分表現在隨之而來的眾多征戰中。

他為曹操解白馬之圍，匹馬橫刀，衝鋒陷陣，策馬刺袁紹大將顏良於萬眾之中；隨後，又砍了袁紹另一大將文醜，表現了他「萬人敵」的神威，使曹操都喜不自禁地稱贊他：「將軍真神人也！」（《三國演義》第二十五回）

他掛印封金，辭別曹操，走出許都，千里單騎，五關斬將，如入無人之境。

他在赤壁鏖戰中，帶領水軍萬人，遊弋大江，威風凜凜。

他應魯肅之邀，一葉小舟，漂流過江，單刀赴會，完成了一次冒死生於萬一、有膽有識的外交活動。

他刮骨療毒，出兵樊城，水淹七軍，擒于禁，斬龐德，造成「威震華夏」的赫赫聲勢，使得曹操都計議遷出許都，以避其兵鋒。

他帶領天兵天將，毫不畏懼地與曾和軒轅黃帝爭雄、死後又成為妖神且神通廣大的蚩尤爭戰，並將蚩尤再一次誅殺，解決了河東鹽池生產不能正常進行的困難。

作為一個三國時期的武將，關羽的實際武功成就，並不比其他某些歷史名將高超。他失去荊州，敗走麥城，身遭殺害，構成了令世人遺憾的悲劇結果。但是，他勇武的聲名，卻遠遠地超過了其他任何人，其原因，無非是關羽這個勇武之士的形象，在歷史事實的基礎上，經過了口頭傳說、文學作品和戲曲舞臺的藝術概括、誇張、再現，表現得十分威武、生動、靈活，稱得上是「勇者不顧身」了。他每一次征戰，都把生死置身度外，使崇尚勇武的人們在心理上得到了一種十分快意的滿足，終於將之推到了「武聖人」的高峰。

五、崇尚神靈的文化心理

世界上原本沒有神，神是人類的創造。

人類創造了神，同時也成了神的奴僕。

對神崇拜中的愚昧無知、迷信思想，事實上一直存在於從古至今很多人的身上。關羽生前為將為侯，死後封王封神，他享受到了人們敬之如天神般的崇拜。從陳、隋時期他最初被推上神壇，歷經宋、元、明各代又屢屢加封，直到清代的統治者封他為「忠義神武靈佑仁勇威顯護國保民精誠綏靖翊贊宣德關聖大帝」，達到了登峰造極的地位。而且，從中國的儒教到佛教、道教，也都毫無例外地推崇他。「儒稱聖，釋稱佛，道稱天尊。」在中國歷史上有過重大影響的三大教派，都無一例外地將關羽這一歷史人物拉進其崇高的祭壇，對一個歷史人物來說，這是絕無僅有的，連被尊稱為「文聖人」的孔夫子，也沒有能夠得到這種三教共認同、共推崇的榮耀。

把關羽尊為神的市民百姓的崇拜文化心理，作為一種迷信心理，實質是一種消極的精神寄託。與民眾的這種文化心理相適應，統治階級尊關羽為神，除了具有迷信的心態之外，則是利用民眾對關羽崇拜的文化心理，將這位大神拿來作為統治、奴化民眾的一種工具。

關羽文化是中國封建社會發展所需要，並與之相適應的歷史產物，它明顯地具備以下特點：

（一）關羽文化是由歷史人物、文學藝術典型、神化了的大帝三位一體融合而構成的文化現象，既具有平凡的內容，又有神祕的色彩。

（二）關羽文化充分而又強烈地表現了中國傳統文化的倫理道德觀念，人格情操精神，既具有儒家色彩，又兼有佛、道的宗教色彩。

（三）關羽文化為社會各階層所共識、認可，又在認同上存在階級差異，因此，既具有全社會的普遍意義，又有個性價值觀的局限性。

由於關羽文化的形成是一個歷史過程，有眾多的因素，而且關羽文化有相當廣闊的覆蓋面，影響久長。

所以，對關羽的研究就不能局限於歷史的關羽，必須研究豐富的、複雜的關羽文化現象。對歷史的關羽進行評價，是較為容易的，因為他是歷史人物，言行有一定的脈絡，比較好界定；而關羽文化涉及的範疇廣闊，要正確把握，就不太容易。

對關羽及關羽文化的研究，無疑是有價值的。

筆者在本書中所進行的探討是初步的、膚淺的。如果我的努力，能夠在對關羽及其文化現象的研究中起到拋磚引玉的作用，那就十分欣慰了。

參考文獻

1 [晉] 陳壽《三國志》
2 [晉] 常璩編撰《華陽國志》
3 [宋] 司馬光編著《資治通鑑》
4 《三分事略》
5 《三國志平話》
6 [元] 胡琦編撰《關王事蹟》
7 [明] 羅貫中《三國演義》
8 [明] 徐霞客《徐霞客遊記》
9 [明] 趙欽湯編撰《漢關聖帝群廟志》（亦稱《漢關將軍廟志》或《關公祠志》）。
10 [明] 沈泰灝編撰《關帝紀》
11 [明] 辛全編撰《關帝集》
12 [明] 呂柟編撰《義勇武安王集》
13 [清] 張鎮撰《解梁關帝志》
14 [清] 覺羅石麟編撰《山西通志》
15 [清] 盧湛編撰《關聖帝君聖跡圖志全集》

参考文獻

16 [清] 梁章鉅《歸田瑣記・三國演義》
17 [清] 錢謙益輯《重編義勇武安王集》
18 魯迅《魯迅全集》
19 范文瀾《中國通史》
20 翦伯贊主編《中國史綱要》
21 柯文輝《解州關帝廟》
22 陳鐵兒編《關聖帝君聖跡圖志全集》(增集),一九六一年香港版。

附錄一　關羽年表

西元一六〇年（漢桓帝延熹三年）

關羽誕生於河東郡解縣寶池里下馮村（今山西省運城市鹽湖區解州鎮常平村）。他的生日有三種傳說：即五月十三日、六月二十二日和六月二十四日。

在關羽出生的前一年（一五九），漢桓帝誅殺專權近二十年的大將軍、外戚梁冀。由於宦官在這一事件中有功，因此得到漢桓帝的寵信。

西元一六一年（漢桓帝延熹四年）

劉備誕生於涿縣大樹樓桑（今河北省涿州市）。他是漢景帝中山靖王劉勝之後。父劉弘，早亡。

張飛與劉備是同鄉，也是涿縣人。出生於桃莊。桃莊現名忠義店，又名張飛店。

西元一七八年（漢靈帝光和元年）

關羽十八歲。關羽長子關平出生，傳說生日為五月十三日。關羽妻子傳說姓胡名玥，為關羽於村塾讀書時的恩師胡先生之女。

西元一七九年（漢靈帝光和二年）

關羽十九歲。

關羽殺死解縣惡霸呂熊等後亡命出逃，輾轉逃亡到各地。他的父母在他逃亡後投井自殺，妻子胡玥攜子關平也避往他鄉。

西元一八四年（漢靈帝中平元年）

關羽二十四歲，劉備二十三歲。

關羽在故鄉殺死惡霸出逃，在外流亡數年後，來到涿郡，與劉備、張飛相識、訂交。「桃園三結義」當在此年。關羽年長於劉備，由於劉備是漢王朝宗室出身，據說是按「拜德不拜長」的意旨，劉備居先，關羽為老二，張飛為三弟。

是年，張角領導的黃巾軍舉行起義，朝野震動，天下大亂。漢王朝及各地豪強武裝紛紛出來鎮壓黃巾軍。劉備從校尉鄒靖討黃巾軍有功，被任命為安喜縣（今河北省定州市東）尉。關羽、張飛追隨劉備，共同鎮壓黃巾軍。

西元一九〇年（漢獻帝初平元年）

關羽三十歲。

劉備應大將軍何進的招募，參加鎮壓黃巾軍有功，被任命為下密縣（今山東省昌邑市東）丞、高唐縣（今山東省禹城縣西南）尉、縣令。關羽、張飛追隨其左右。

西元一九一年（漢獻帝初平二年）

關羽三十一歲。

劉備與黃巾軍作戰兵敗，投奔中郎將公孫瓚，被公孫瓚表為別部司馬。關羽、張飛都追隨劉備在軍中。後劉備又因戰功守平原（今山東省平原縣南）令、領平原相。關羽和張飛任別部司馬分統部曲。

西元一九二－一九三年（漢獻帝初平三至四年）

關羽三十二至三十三歲。

關羽、張飛追隨劉備在平原。

西元一九四－一九五年（漢獻帝興平元至二年）

關羽三十四至三十五歲。

由於徐州牧陶謙受曹操攻擊，劉備率兵救援陶謙，陶謙表劉備為豫州刺史，屯兵小沛（今江蘇省沛縣東）。陶謙病故後，劉備遂領徐州牧，關羽和張飛追隨劉備在小沛、徐州。

西元一九六年（漢獻帝建安元年）

關羽三十六歲。

曹操表劉備為鎮東將軍，封宜城亭侯。袁術發兵進攻劉備，以奪取徐州。劉備讓張飛領兵據守下邳（今江蘇省睢寧縣西北），自己帶兵拒袁術軍於盱眙、淮陰（均屬今江蘇省）。呂布乘機攻下邳，張飛敗走。劉備引軍還，求和於呂布。呂布自命為徐州牧，讓劉備任豫州刺史，劉備命關羽屯兵守下邳。劉備仍還駐小沛。由於劉備手中擁有重兵萬餘人，使呂布很疑懼，便親自帶兵攻擊劉備。劉備兵敗後，便帶關羽、張飛投奔曹操。曹操讓劉備任豫州牧，收拾殘兵，圍攻呂布。關羽隨劉備駐小沛。

西元一九七年（漢獻帝建安二年）

關羽三十七歲。

楊奉約劉備共同進攻呂布。劉備表面應允，誘楊奉入小沛，在宴席間殺之。關羽參與其事。袁術在壽春（今安徽省壽縣）稱帝。

西元一九八年（漢獻帝建安三年）

關羽三十八歲。

呂布派大將高順、張遼進攻劉備。劉備兵敗，又偕關羽、張飛投奔曹操。

這年冬天，曹操親自率兵東征呂布。劉備與關羽、張飛隨軍征戰。呂布兵敗被俘，在下邳白門樓被曹操殺死。

西元一九九年（漢獻帝建安四年）

關羽三十九歲。

曹操征殺呂布後，返回許都。劉備與關羽、張飛也隨曹操回到許都。劉備被拜為左將軍，關羽和張飛皆為中郎將。車騎將軍董承奉漢獻帝衣帶詔與劉備等密謀誅殺曹操。事情未舉，曹操派劉備和大將朱靈、路昭帶兵東征袁術。劉備乘機帶關羽、張飛出許都。袁術兵敗退到江亭時嘔血而死。朱靈等帶兵回許都。劉備帶關羽、張飛到下邳。劉備擊殺徐州刺史車冑，留關羽駐守下邳，行下邳太守事。劉備還守小沛。東海昌霸和一些郡縣反叛曹操依附劉備，遂使劉備擁兵數萬人。劉備遣使與袁紹聯兵對抗曹操。

西元二〇〇年（漢獻帝建安五年）

關羽四十歲。

將軍董承謀殺曹操事洩露。曹操殺死董承及參與其謀的王子服、種輯等人。是年正月，曹操親自帶兵攻打劉備。劉備兵敗後逃往河北依附袁紹。曹操俘獲關羽及劉備妻子，關羽投降。曹操帶關羽回許都，拜關羽為偏將軍，禮遇甚厚。

同年四月，袁紹派大將顏良圍攻曹操東郡太守劉延於白馬（今河南省滑縣東）。曹操親領大軍並以關羽、張遼為先鋒救白馬。關羽刺殺顏良於萬軍之中，遂解白馬之圍。因此功績，曹操表封關羽為漢壽亭侯。

同年七月，關羽得知劉備在袁紹軍中的消息後，便掛印封金，辭別曹操，千里單騎，又歸於劉備。

九至十月間，曹操與袁紹交兵於官渡（今河南省中牟縣東北），袁紹大敗。曹操取得官渡之戰的勝利，為其統一北方奠定了基礎。

袁紹與曹操官渡之戰前，劉備勸袁紹連接荊州劉表，因此乘機帶兵到汝南（今屬河南省東南部及安徽省西北部邊界區域）。曹操派蔡陽進攻劉備，被劉備殺死。東吳孫策被吳郡太守許貢家客刺殺，弟孫權繼其位。

西元二〇一年（漢獻帝建安六年）

關羽四十一歲。

劉備在袁紹兵敗官渡之後，勢更孤單。曹操又率兵南擊劉備。劉備派孔乾、糜竺去荊州連接荊州牧劉表。劉表很敬重劉備，親自郊迎，待為上賓，並讓他屯兵新野（今河南省新野縣南）。關羽、張飛隨劉備在新野。

西元二〇二—二〇六年（漢獻帝建安七至十一年）

關羽四十二至四十六歲。

在此數年間，關羽、張飛一直追隨劉備在新野屯兵。袁紹於西元二〇二年病亡。

西元二〇七年（漢獻帝建安十二年）

關羽四十七歲。

劉備經徐庶、司馬徽推薦，親自帶領關羽、張飛三次前往襄陽縣西十公里的隆中山（一說是在南陽臥龍岡）拜訪諸葛亮。諸葛亮與劉備縱論天下大事，提出劉備爭雄天下應採取的戰略，是為《隆中對》。諸葛亮從此時出山，追隨劉備，成為他的智囊。諸葛亮當時僅二十七歲。

西元二〇八年（漢獻帝建安十三年）

關羽四十八歲。

是年七月，曹操領兵南征。八月，荊州牧劉表病亡。劉表次子劉琮投降曹操。劉備與曹操交兵，兵敗當陽（今湖北省當陽市東），率眾南逃，並派遣關羽乘船數百艘去軍事要地江陵（今屬湖北省），後與劉備會合，同至夏口（今屬湖北省）。

在曹操大兵壓境下，劉備聯合孫權共同對抗曹操。十二月，孫權和劉備的聯軍與曹軍戰於赤壁（今湖北省赤壁市西北），大敗曹軍。關羽帶水軍萬餘人參加了這次戰役。赤壁兵敗後，曹操回許都，劉備佔據了荊州的江南四郡。

西元二〇九年（漢獻帝建安十四年）

關羽四十九歲。

東吳孫權將其妹嫁於劉備，結為親好。

劉表長子——荊州刺史劉琦病亡。劉備領荊州牧，治公安（今湖北省公安縣東北）。劉備征戰多年後，終於有了立足之地，便封拜追隨他的有功之人，以諸葛亮為軍師中郎將；關羽為蕩寇將軍，領襄陽太守，駐江北；張飛為征虜將軍，宜都太守。

西元二一〇年（漢獻帝建安十五年）

關羽五十歲。

關羽屯兵江北。

東吳周瑜病亡。孫權經魯肅勸說，借荊州給劉備，以共同對抗曹操。

西元二一一年（漢獻帝建安十六年）

關羽五十一歲。

劉備率數萬大軍入益州（今屬四川省），留諸葛亮與關羽等領重兵據守荊州。

西元二一二年（漢獻帝建安十七年）

關羽五十二歲。

孫權於建安十六年（二一一）從京漢（今江蘇省鎮江市）遷居秣陵，西元二一二年建石頭城，改秣陵為建業（今江蘇省南京市）。冬十月，曹操率領大軍進攻孫權。孫權求救於劉備，關羽帶兵與曹操部將樂進相拒於青泥（今湖北省安陸市東），體現了孫、劉聯合共同對抗曹操的戰略方針。

西元二一三年（漢獻帝建安十八年）

關羽五十三歲。

曹操從東吳撤兵，曹操被漢獻帝封為魏公。

劉備在益州與益州牧劉璋矛盾公開化，兩軍交兵，龐統戰死。劉備調諸葛亮等入蜀，留關羽鎮守荊州，獨當一面，為劉備在益州的勝利做出了貢獻。

西元二一四年（漢獻帝建安十九年）

關羽五十四歲。

劉備攻破成都，劉璋投降，劉備領益州牧。以諸葛亮為軍師將軍，法正為揚武將軍，關羽董督荊州事，張飛為巴西太守，馬超為平西將軍。

西元二一五年（漢獻帝建安二十年）

關羽五十五歲。

吳孫權以劉備已取得益州為由，派人入蜀要求劉備歸還荊州，被劉備以「取得涼州以後，再歸還荊州」的托詞拒絕。孫權與劉備矛盾加劇。孫權置長沙、零陵、桂陽三郡長吏，但是，都被關羽驅走。孫權不甘甘休，又派呂蒙率兵二萬奪取三郡。劉備從蜀漢地趕到公安坐鎮，派關羽爭三郡。孫權也到陸口（今湖北省嘉魚縣西南）督兵，孫權又命魯肅屯兵益陽（今屬湖南省）。關羽也進兵益州與魯肅對抗。孫、劉兩軍對壘，形勢緊張，呈一觸即發之勢。關羽和魯肅在軍中會晤，談荊州之事。在此期間，由於曹操領兵進攻漢中，劉備害怕益州失守，便派人與孫權講和，約定以湘水為界，長沙、桂陽、江夏以東歸孫權；南郡、零陵、武陵以西屬劉備；中分荊州，暫時緩和了孫、劉盾。

曹操佔領漢中。孫權與曹操部將張遼戰於合肥。

西元二一六年（漢獻帝建安二十一年）關羽五十六歲。

曹操被漢獻帝晉封為魏王。

這年冬，曹操率兵南征孫權。

關羽鎮守荊州。

西元二一七年（漢獻帝建安二十二年）

關羽五十七歲。

曹操大軍壓境，孫權兵敗，遣使見曹操投降。

魯肅在陸口病逝。孫權派呂蒙接替魯肅駐兵陸口，與關羽分土接境。劉備進兵爭漢中，留諸葛亮據守成都。關羽仍鎮守荊州。

西元二一八年（漢獻帝建安二十三年）

關羽五十八歲。

劉備屯兵陽平關（今陝西省勉縣西），與曹操部將夏侯淵、張郃等對壘。曹操出兵到長安，欲進擊劉備。

關羽仍鎮守荊州。孫權為子求婚於關羽女，關羽辱罵其使，加劇了孫、劉之間的矛盾。

西元二一九年（漢獻帝建安二十四年）

關羽五十九歲。

劉備部將黃忠斬殺曹操大將夏侯淵。曹操親自統兵到漢中，與劉備爭戰。是年五月，曹操引兵還長安。劉備進佔漢中，七月，劉備稱漢中王，拜關羽為前將軍，張飛為右將軍，馬超為左將軍，皆假節鉞；黃忠為後將軍，趙雲為翊軍將軍。

八月，關羽從荊州發兵進襄陽、樊城（今湖北省襄陽市），水淹曹操大將于禁等七軍，于禁投降，龐德被殺。曹仁被圍困於樊城。關羽威震華夏，曹操欲徙出許都以避其銳。曹操的謀士司馬懿、蔣濟勸曹操利用孫權和劉備的矛盾，誘使孫權襲取荊州，以解樊城之圍。

東吳孫權乘關羽在襄樊與曹軍鏖戰之際，用呂蒙之計，對關羽後方發動突然襲擊。南郡太守糜芳、公安守將傅士仁投降，荊州被東吳佔領。關羽腹背受敵，只得從樊城撤兵。十一月，關羽退兵到當陽，先保守麥城（今湖北省當陽市東南）；十二月，關羽又走臨沮

（今湖北省遠安縣），在羅漢峪被東吳伏兵擒獲，遇害於漳鄉；同時遇害的還有其子關平、都督趙累。關羽享年五十九歲，關平享年四十一歲。

孫權殺害關羽後，將關羽屍骸葬於當陽，又將關羽首級送往洛陽獻給曹操邀功。曹操用沉香木刻成身軀，連同關羽首級葬於洛陽。所以，湖北當陽和河南洛陽都有關羽塚。

孫權奪取荊州，殺害關羽父子後，孫權、劉備聯盟徹底破壞。孫權上書曹操稱「臣」，曹操表孫權為驃騎將軍，領荊州牧，封南昌侯。

西元二二〇年（漢獻帝延康元年）

曹操於年初病亡。

其子曹丕廢除漢獻帝，登皇帝位，國號魏，改元黃初。東漢亡。

西元二二一年（魏黃初二年・蜀章武元年）

劉備即皇帝位，立國號為漢，一般稱蜀，或稱蜀漢，改元章武。

劉備為了幫關羽報仇，出兵征伐東吳。張飛在兵興之初，被部將張達、范彊殺害。東吳孫權遣書求和，劉備不許。

西元二二二年（魏黃初三年・蜀章武二年・吳黃武元年）

孫權接受魏文帝曹丕的封號，稱吳王。

劉備率兵與東吳兵戰於猇亭（今湖北省宜都長江北岸），劉備兵敗後，退守魚復縣白帝城（今重慶市奉節縣東北）。

西元二二三年

（魏黃初四年．蜀章武三年．吳黃武二年）

劉備病逝於白帝城永安宮。其子劉禪繼皇帝位。

附錄二　關羽傳

關羽字雲長，本字長生，河東解人也。亡命奔涿郡。先主於鄉里合徒眾，而羽與張飛為之禦侮。先主為平原相，以羽、飛為別部司馬，分統部曲。先主與二人寢則同床，恩若兄弟。而稠人廣坐，侍立終日，隨先主周旋，不避艱險。

（《蜀記》曰：曹公與劉備圍呂布於下邳，關羽啟公，布使秦宜祿行求救，乞娶其妻，公許之。臨破，又屢啟於公。公疑其有異色，先遣迎看，因自留之，羽心不自安。此與魏氏春秋所說無異也。）先主之襲殺徐州刺史車冑，使羽守下邳城，行太守事，（《魏書》云：以羽領徐州。）而身還小沛。

建安五年，曹公東征，先主奔袁紹。曹公禽羽以歸，拜為偏將軍，禮之甚厚。紹遣大將（軍）顏良攻東郡太守劉延於白馬，曹公使張遼及羽為先鋒擊之。羽望見良麾蓋，策馬刺良於萬眾之中，斬其首還，紹諸將莫能當者，遂解白馬圍。曹公即表封羽為漢壽亭侯。初，曹公壯羽為人，而察其心神無久留之意，謂張遼曰：「卿試以情問之。」既而遼以問羽，羽嘆曰：「吾極知曹公待我厚，然吾受劉將軍厚恩，誓以共死，不可背之。吾終不留，吾要當立效以報曹公乃去。」遼以羽言報曹公，曹公義之。（《傅子》曰：遼欲白太祖，恐太祖殺羽，不白，非事君之道，乃嘆曰：「公，君父也；羽，兄弟耳。」遂白之。太祖曰：「事君不忘其本，天下義士也。度何時能去？」遼曰：「羽受公恩，必立效報公而後去也。」）及羽殺顏良，曹公知其必去，重加賞賜。羽盡封其所賜，拜書告辭，而奔先主於袁軍。左右欲追之，曹公曰：「彼各為其主，勿追也。」（臣松之以為曹公知羽不留而心嘉其志，去不遣追以成其義，自非有王霸之度，孰能至於此乎？斯實曹公之休美。）

從先主就劉表。表卒，曹公定荊州，先主自樊將南渡江，別遣羽乘船數百艘會江陵。曹公追至當陽長阪，先主斜趣漢津，適與羽船相值，共至夏口。（《蜀記》曰：初，劉備在許，與曹公共獵。獵中，眾散，羽勸備殺公，備不從。及在夏口，飄颻江渚，羽怒曰：「往日獵中，若從羽言，可無今日之困。」備曰：「是時亦為國家惜之耳；若天道輔正，安知此不為福邪！」臣松之以為備後與董承等結謀，但事泄不克諧耳，若為國家惜曹公，其如此言何。羽若果有此勸而備不肯從者，將以曹公腹心親戚，實繁有徒，事不宿構，非造次所行；曹雖可殺，身必不免，故以計而止，何惜之有乎！既往之事，故托為雅言耳。）孫權遣兵佐先主拒曹公，曹公引軍退歸。先主收江南諸郡，乃封拜元勳，以羽為襄陽太守、蕩寇將軍，駐江北。先主西定益州，拜羽董督荊州事。羽聞馬超來降，舊非故人，羽書與諸葛亮，問超人才可誰比類。亮知羽護前，乃答之曰：「孟起兼資文武，雄烈過人，一世之傑，黥、彭之徒，當與益德並驅爭先，猶未及髯之絕倫逸群也。」羽美鬚髯，故亮謂之髯。羽省書大悅，以示賓客。

羽嘗為流矢所中，貫其左臂，後創雖愈，每至陰雨，骨常疼痛，醫曰：「矢鏃有毒，毒入於骨，當破臂作創，刮骨去毒，然後此患乃除耳。」羽便伸臂令醫劈之。時羽適請諸將飲食相對，臂血流離，盈於盤器，而羽割炙引酒，言笑自若。

二十四年，先主為漢中王，拜羽為前將軍，假節鉞。是歲，羽率眾攻曹仁於樊。曹公遣于禁助仁。秋，大霖雨，漢水泛溢，禁所督七軍皆沒。禁降羽，羽又斬將軍龐德。梁、郟、陸渾群盜或遙受羽印號，為之支黨，羽威震華夏。曹公議徙許都以避其銳，司馬宣王、蔣濟以為關羽得志，孫權必不願也。可遣人勸權躡其後，許割江南以封權，則樊圍自解。曹公從之。先是，權遣使為子索羽女，羽罵辱其使，不許婚，權大怒。（《典略》曰：羽圍樊，權遣使求助之，敕使莫速進，又遣主簿先致命於羽。羽忿其淹遲，又自已得于禁等，乃罵曰：「狢子敢爾，如使樊城拔，吾不能滅汝邪！」權聞之，知其輕己，偽手書以謝羽，許以自往。臣松之以為荊、吳雖外睦，而內相猜防，故權之襲羽，潛師密發。按《呂蒙傳》云：「伏精兵於舳艫之中，使白衣搖櫓，作商賈服。」以此言之，羽不求助於權，權必不語羽當往也。若許相援助，何故匿其形跡乎？）又南郡太守麋芳在江陵，將軍（傅）士仁屯公安，素皆嫌羽輕己。自羽之出軍，芳、仁供給軍資，不悉相救。羽言「還當治之」，芳、仁鹹懷懼不安。於是權陰誘芳、仁，芳、仁使人迎權。而曹公遣徐晃救曹仁，（《蜀記》曰：羽與晃宿相愛，遙共語，但說平生，不及軍事。須臾，晃下馬宣令：「得關雲長頭，賞金千斤。」羽驚怖，謂晃曰：「大兄，是何言邪！」晃曰：「此國之事耳。」）羽不能克，引軍退還。權已據江陵，盡虜羽士眾妻子，羽軍遂散。權遣將逆擊羽，斬羽及子平於臨沮。（《蜀記》曰：權遣將軍擊羽，獲羽及子平。權欲活羽以敵劉、曹，左右曰：「狼子不可養，後必為害。曹公不即除之，自取大患，乃議徙都。今豈可生！」乃斬之。臣松之按《吳書》：孫權遣將潘璋逆斷羽走路，羽至即斬，且臨沮去江陵二三百里，豈容不時殺羽，方議其生死乎？又云「權欲活羽以敵劉、曹」，此之不然，可以絕智者之口。《吳曆》曰：權送羽首于公，以諸侯禮葬其屍骸。）

追謚羽曰壯繆侯。（《蜀記》曰：羽初出軍圍樊，夢豬齧其足，語子平曰：「吾今年衰矣，然不得還！」《江表傳》曰：羽好《左氏傳》，諷誦略皆上口。）子興嗣。興字安國，少有令問，丞相諸葛亮深器異之。弱冠為侍中、中監軍，數歲卒。子統嗣，尚公主，官至虎賁中郎將。卒，無子，以與庶子彝續封。（《蜀記》曰：龐德子會，隨鐘、鄧伐蜀，蜀破，盡滅關氏家。）

評曰：關羽、張飛皆稱萬人之敵，為世虎臣羽而自矜，飛暴而無恩，以短取敗，理數之常也。

（選自《三國志》卷三十六《關張馬黃趙傳》，括弧內為裴松之注）

編後記

關羽，漢末名將，蜀國重臣。其忠義仁勇的節概，在當時即受人景仰；其身後，被尊為武聖，歷代崇信有加，關廟遍及五大洲。因此，關羽成為中國在世界上知名度最高的名人之一。

對關羽的尊崇，帶動了相關的著述與研究，當今，「關學」成為華人圈內的顯學，著述林林總總，汗牛充棟。

本書為柴繼光先生（一九三一—二〇一二）所著。早在一九九六年，柴繼光先生與其女柴虹，就在山西古籍出版社出版了《武聖關羽》。之後，又經積累資料，反覆研究，在三晉出版社出版了《關羽——名將武聖大帝》，末附關羽年譜。本書大致分兩部分：第一部分記述關羽生平，第二部分記述關羽的著述、藝事、相關傳說，以及歷史上對關羽的封贈、祭祀，兼及關羽的影響，等等，資料翔實，考證嚴謹，語言樸素，在眾多關羽傳著中堪稱上乘之作。從本書可知，柴先生作為關羽故里的學者，對關羽行跡做過認真考察，對關羽史料做過大量研究工作，這對於後人研究關羽、瞭解關羽，都是非常有益的。

為尊重和保留原作品風貌，文中某些資訊和資料未做修正，我們徵得作者家屬同意，請三晉出版社原總編輯張繼紅、太原學院康玉慶教授對書中一些內容做了適當刪節與證正，並根據統一體例，對章節編排等做了微調，並由王靈善補寫了《義勇沖霄漢的中華武聖：關羽、關公崇拜與關公文化》短文作為引言。謹此說明。

歷史上的真假關羽

三國演義只是故事，壽亭侯關羽跟神話中的武聖關公差很大

作　　者：柴繼光
發 行 人：黃振庭
出 版 者：崧燁文化事業有限公司
發 行 者：崧燁文化事業有限公司
E-mail：sonbookservice@gmail.com
粉 絲 頁：https://www.facebook.com/sonbookss/
網　　址：https://sonbook.net/
地　　址：台北市中正區重慶南路一段六十一號八樓 815 室
Rm. 815, 8F., No.61, Sec. 1, Chongqing S. Rd., Zhongzheng Dist., Taipei City 100, Taiwan (R.O.C)
電　　話：(02)2370-3310
傳　　真：(02) 2388-1990
印　　刷：京峯彩色印刷有限公司（京峰數位）

定　　價：399 元
發行日期：2021 年 12 月第一版
◎本書以 POD 印製

國家圖書館出版品預行編目資料

歷史上的真假關羽：三國演義只是故事，壽亭侯關羽跟神話中的武聖關公差很大 / 柴繼光著 . -- 第一版 . -- 臺北市：崧燁文化事業有限公司，2021.12
面；　公分
POD 版
ISBN 978-986-516-914-5(平裝)
1.(三國) 關羽 2. 傳記
782.823　110018260

電子書購買

臉書